Unser Lebenszug rollt und rollt

Mein aufrichtiger Dank gilt
Gisela Nehrbaß
Ohne ihre Beteiligung und Motivation,
wäre dieses Buch nicht entstanden

Nicole Wendschuh
Für die Satz- und Covergestaltung

Ernst Crameri

Unser Lebenszug rollt und rollt

Die Frage ist wohin,

wie wird die Reise und wer ist dabei

Bibliografische Information der Deutschen Nationalbibliothek
Die Deutsche Nationalbibliothek verzeichnet diese Publikation in der Deutschen Nationalbibliografie; detaillierte bibliografische Daten sind im Internet über http://dnb.d-nb.de abrufbar

Crameri-Naturkosmetik GmbH Beauty&Wellness
1. Auflage
Druck in Deutschland

ISBN: 978-3-86689-029-9

Inhaltsverzeichnis

Vorwort

Lieber Leser,

ich danke dir von ganzem Herzen, dass du dieses Buch in der Hand hältst. Es ist mir ein Bedürfnis über das Thema mit dir zu sprechen, da es einige wichtige Punkte zu beachten gilt.

Viele Menschen sind leider mit ihrem Lebenszug unzufrieden und das ist schade. Fährt er doch permanent weiter und weiter. Eines Tages sind wir an unserem Endbahnhof angekommen und steigen aus. Unser Zug, welcher uns solange gefahren hat, kann nicht mehr. Es ist Zeit ihn für immer zu verlassen.

Eine spannende Geschichte wartet auf dich. Dir wird vieles klar und bewusst. Es hilft dir ein schöneres und besseres Leben, hier auf Erden führen zu können. Mit Freude in deinem Lebenszug zu fahren, auf ihn zu achten, ihn zu pflegen und fürsorglich mit ihm umzugehen. Damit er möglichst lange hält und du viel Spaß und Lebensfreude daran hast.

Du fährst durch die verschiedensten Gebiete auf dieser Erde. Mal wird es heiß sein, dann fährst du wiederum durch manche Stürme. Regelmäßig hältst du an verschiedenen Bahnhöfen an. Mal an kleinen und dann in riesigen Bahnhöfen, wo viel Tumult ist.

Einige der Menschen, die dich begleitet haben, steigen aus deinem Lebenszug aus. Neue kommen dazu und begleiten dich ein Stück, manche bleiben sogar sehr lange, wenige bis ans Ende deines Zuges. Du fährst niemals allein, bist immer in Begleitung. Frage ist, was du daraus machst, dies ist der entscheidende Punkt.

Sei stolz auf deinen Zug und lass ihn laufen. Züge sind gebaut worden, um zu rollen. Als Symbol für unser Leben, wir ziehen permanent weiter und weiter. Es gibt keinen Halt, der Tod ist unser Endbahnhof und danach wird unser Zug verschrottet. Das heißt, er löst sich in seine Bestandteile auf, da bleibt nichts mehr übrig.

Dies ist sicher, dies wird mit allen Zügen passieren. Eines Tages sind sie nicht mehr zu gebrauchen. Dann ist es aus und vorbei, die Zeit dazwischen wollen wir aber in vollen Zügen genießen. Wir achten einfach besser darauf, wer mit uns fährt und ob es uns guttut.

Ich kann es dir nur ans Herz legen, genieße in vollen Zügen die wundervolle Reise. Ob es wundervoll wird, das entscheidest du mit deiner Art und mit den Menschen, die du einsteigen lässt.

Ganz viel Spaß beim Lesen, viele Erkenntnisse und auf eine wundervolle Zugfahrt.

Herzlichst

Dein Ernst Crameri

Wie liest du das Buch

Wenn ich das die Menschen frage, schauen mich die meisten ganz entgeistert an, wie wohl? Eine Seite nach der anderen und dies, wenn ich Zeit habe. Das hört sich schon mal sehr gut an. Ich kann jedoch ein Buch noch wesentlich effizienter lesen. In dem ich folgende Technik anwende, die ich dir auf den nächsten Seiten beschreibe. Diese ist wunderbar und hilft uns, das Gelesene besser zu verankern und sich zu merken. Denn es geht nicht nur darum ein Buch schnell zu lesen, sondern es auch umzusetzen.

Jede Seite des Buches wird in zwei Hälften aufgeteilt

Das ist der erste wichtige Schritt, dass du nur eine halbe Seite liest und danach innehältst. Du denkst über das Gelesene nach, fragst dich, was der Inhalt des Gelesenen in dir verursacht? Was beschäftigt dich, was berührt dich? Dann schreibe den Merksatz, das ist der Satz oder das Wort, was dir am besten gefallen hat, unverzüglich oben in das weiße Feld des Buches. So verfährst du bitte auch mit der zweiten Hälfte der Seite. Wobei du hier den Merksatz ins untere weiße Feld schreibst. So liest du bitte Seite für Seite und hast dadurch auf jeder Seite zwei Merksätze stehen.

Am Ende des Kapitels hältst du die fünf wichtigsten Sätze fest

Je nach Kapitellänge hast du jede Menge Merksätze zur Verfügung. Wir können aber unmöglich alle gleichzeitig bearbeiten und umsetzen. Das würde uns überfordern, so gehen wir hin, holen uns die fünf wichtigsten Wörter/Merksätze heraus und schreiben diese auf. Dadurch hast du am Ende jedes Kapitels fünf Merksätze, die dir zur Verfügung stehen. Am Anfang mag es dir bestimmt komisch erscheinen, im Laufe der Zeit gewöhnst du dich aber daran. Dann wird es zusehends so, als ob du noch nie etwas anderes getan hast.

Tue immer das, was Erfolgreiche machen

Du kannst es auch so lesen, wie du es immer getan hast. Das ist eine Möglichkeit oder du gehst den berühmten Königsweg. Der da lautet

„Ich lerne ausschließlich von Erfolgreichen, die schon dort sind, wo ich noch hinmöchte!"

Ernst Crameri

Das ist die beste Garantie, die du bekommen kannst, die sogenannte Vorgarantie und sie hilft uns ungemein, schnell voranzukommen. Es gibt leider viele Menschen, die meinen, was gut und wichtig für uns ist. Selbst jedoch noch lange nicht dort sind, wo sie sein möchten, oder überhaupt noch nicht. Ich habe mir schon früh angewöhnt von den Besten zu lernen, ausschließlich von den Besten.

Schreibe deine fünf Merksätze auf Karteikärtchen

Es nützt aber nichts, wenn wir diese Merksätze nur im Buch haben. Wir wollen damit arbeiten und täglich trainieren. Deswegen lade ich dich herzlichst dazu ein, schreibe deine fünf Merksätze auf Karteikärtchen und führe diese stets mit dir. Das hat den Vorteil, dass du sie immer wieder zücken kannst. Lese sie so oft wie möglich durch. Das ist explizit zu wenig dargestellt. Das heißt, immer wenn du von einer Aufgabe zur nächsten wechselst, hole die Merksätze hervor und lese diese, wenn möglich laut vor. Das hat den super Effekt, dass du es einmal liest und dann auch hörst. Dadurch lernt man zügig, denn wir wollen ja rasch vorankommen und viel bewegen.

Schauen wir uns kurz solche Lesemomente an

Das fängt an, dass du aufwachst, im Bett liegst. Da zückst du die Karteikarte das erste Mal. Dann bevor du aufstehst, danach im Bad, beim Frühstück, wenn du das Haus verlässt. Während dem du ins Geschäft gehst, bevor du mit der Arbeit startest. In den Pausen, wenn du auf die Toilette gehst und so weiter. Ich denke du hast es erfassen können. Wenn du damit startest, wird es dir mega komisch vorkommen. Dann gewöhnst du dich aber daran und es wird zur reinen Gewohnheit. Das ist erforderlich, um viel zu bewegen.

Deine Merksätze bitte auf Plakate schreiben

Das ist der nächste Schritt, dass du permanent damit visuell konfrontiert wirst. Überall wo du stehst, läufst, sitzt, hängt ein Plakat an der Wand. Das erinnert dich fortlaufend daran, was für dich wichtig ist und was du umsetzt. Glaube mir, nur wenn du es wirklich regelmäßig trainierst, beginnt in dir eine Veränderung. Unterschätze bitte niemals die Macht deiner Gewohnheiten. Diese sind tief in dir verankert, damit muss man zuerst einmal umgehen können.

Am Ende des Buches kommt die Krönung

Mache es bitte, fasse am Ende des Buches aus allen Kapiteln die fünf wichtigsten Merksätze zusammen. Du vermählst buchstäblich alle Kapitel zu den fünf wichtigsten Aussagen. Diese behältst du über einen sehr langen Zeitraum bei dir. Klebe diese auch auf das Buchcover. Keine Angst, ein Buch dient ja dazu, dich weiter zu bringen, zu inspirieren und dir zu helfen, ein glückliches und harmonisches Leben zu führen.

Mache es bitte genauso und immer sofort

Das möchte ich dir ans Herz legen, bleibe permanent dran. Versuche nicht das Rad neu zu erfinden. Es ist bereits erfunden worden, und wenn du es leichter haben kannst, tue es bitte auch. Du kannst nur gewinnen und dein Leben wird dadurch schöner. Das streben alle Menschen an, ein wundervolles und glückliches Leben führen zu können.

Schreibe nach jedem Kapitel dein Fazit auf

Das ist eine solch wichtige und spannende Übung, dass du immer das Fazit des Gelesenen aufschreibst. Das bereichert dich ungemein und macht dich unendlich glücklich. Leider haben wir Menschen vor lauter Hektik verlernt, uns immer wieder auf das Wesentliche zu besinnen. Denn genau um das geht es schlussendlich, die Frage, für was wir hier auf Erden sind und was unsere Aufgabe dabei ist.

Dein Fazit: ______________________________

Wie sieht dein Zug aus

Das ist eine spannende Frage, wie man selbst seinen Zug sieht. Leider halten etliche Menschen ihren Zug für hässlich. Sie sind nicht zufrieden, das ist natürlich sehr schade und fatal. Denn genau mit diesem Zug wirst du ein ganzes Leben lang unterwegs sein. Du kannst machen und tun, was du willst. Du hast diesen Zug ausgewählt und er gehört zu dir. Also ist es wesentlich besser und sinnvoller du arrangierst dich mit ihm.

Du hast dir deinen Zug ausgesucht

Darüber musst du dir im Klaren sein. Es ist dein Zug, er gehört dir allein, du hast ihn dir damals ausgesucht. Ich weiß, das ist für viele Menschen nicht zu verstehen. Denn in der Regel wünscht man sich immer einen anderen Zug. Einen Größeren, Schöneren, Eleganteren und so weiter. Wir mussten uns einen Zug aussuchen, denn wie sollte sonst der Geist, die Seele letzten Endes unser ganzes Sein von A nach B gelangen.

Der erste wichtige Schritt ist, unseren Zug zu akzeptieren

Gehe in die Dankbarkeit, denn je schneller du deinen Zug akzeptierst, umso besser geht es dir und desto besser funktioniert er. Wenn du aber immer haderst, ist das kontraproduktiv und dies solltest du dir schenken. Man sabotiert sich doch nicht selbst. Ich weiß, das hört sich alles viel leichter an, als es ist. Doch lass es uns gemeinsam anschauen. Ich bin mir sicher, dass du es bis ans Ende des Buches verstehst und deinen Zug liebst.

Wieso finden wir andere Züge immer schöner

Es ist eine komische Gewohnheit der Menschen, die Wiesen der anderen immer als grüner zu betrachten, wie seine eigenen. Das ist Blödsinn, und wenn man anfängt, sich voll umfänglich zu lieben, wird es immer schöner. Fange richtig an dich in deinem Zug wohlzufühlen. Was für eine Energie holst du dir da rein, wenn du nur am Schimpfen bist? Das ist überhaupt nicht gut und vor allem kontraproduktiv.

Freue dich über dein Arbeitsbuch

Es ist ein reines Arbeitsbuch, das heißt, wir arbeiten intensiv damit und deswegen darf ich dich gleich dazu auffordern, die nachfolgenden Fragen und Aufgaben zu lösen. Schreibe dabei wieder direkt in dein Buch. Warte nicht damit, verschiebe es nicht auf später oder irgendwann. Ich weiß, wenn man Fragen beantworten soll, tendiert man leicht dazu, es zu verschieben. Ich erlebe es auch manchmal bei mir. Man sagt sich dann oft „Das mache ich später in aller Ruhe!" Das ist Blödsinn, denn es gibt in der Regel kein später. Es gibt immer nur ein Hier und Jetzt.

„Erfolgreiche Menschen leben nie in der Verschieberitis, sondern stets im Hier und Heute!"

Ernst Crameri

Erfolgreiche wissen, um die Gegebenheiten und halten sich deswegen an die Regel, es sofort zu tun. Denn alles, was man verschiebt, das verhält sich wie mit fliegenden Fischen. Man sieht sie kurz aus dem Wasser springen, an der Oberfläche, und schon sind sie wieder in den Tiefen des Ozeans verschwunden.

Was gefällt dir an deinem Zug nicht

Jetzt beschäftigen wir uns mit all den Dingen, die dir an deinem Zug nicht gefallen. Der Zug widerspiegelt dein gesamtes Leben, mit allem, was du hast. Begebe dich mit mir zusammen auf die große Reise. Du erfährst dadurch viele Dinge über dein Leben, die du sicherlich noch nie gesehen hast. Wir teilen deinen Zug in folgende Bereiche auf

- Äußerer Zug, das ist dein Körper

- Innerer Zug, deine Seele und dein Geist

Vielleicht kommt es dir etwas komisch vor, das ist weiters nichts tragisch. Es ist alles völlig in Ordnung, nimm es einfach so an, wie es ist. Wenn man anfängt, neue Wege zu beschreiten, passiert es rasch, dass in einem alles rebelliert. Auf der einen Seite möchte man gerne den neuen Weg gehen, auf der anderen fragt man sich unverzüglich, ob das überhaupt etwas bringt. Das weißt du natürlich erst, wenn du die Reise mit mir zusammen gegangen bist.

Äußerer Zug, dein Körper
Wie sieht es damit aus? Wie glücklich und zufrieden bist du mit deinem Körper? Hierbei bitte ich dich ehrlich zu dir zu sein. Vergib immer Punkte, die höchste Punktzahl ist 10 und die schlechteste die 1. Wenn du jetzt sofort loslegst, nicht lange überlegen. Schreibe immer den ersten Gedanken auf. Denn das ist der richtige Gedanke, es ist die schnelle Botschaft, die du dabei erhältst. Also starten wir jetzt bei den Füßen.

Füße
Fußform? ____________
Zehen? ____________

Betrachte bitte deine Füße, denn sie sind es, die uns durchs Leben tragen. Sie tun dies ein Leben lang und wie wundervoll, wenn wir auf sie eingehen und ihnen das geben, was sie brauchen. Dies ist in erster Linie die entsprechende Pflege und natürlich auch das passende Schuhwerk. Leider wird hier häufig gesündigt und was dabei herauskommt, ist oft alles andere als erbauend, geschweige denn schön. Ich spreche hier von Plattfüßen, Hühneraugen, Krallenzehen, eingewachsene Zehennägel, Hallux Valgus, um nur einige zu nennen. Alles Dinge, die entstehen, wenn wir unpassendes Schuhwerk tragen, auch die Frauen mit ihren super schicken High Heels. Da ist es nur eine Frage der Zeit, bis sich der Fuß den Schuhen angepasst hat. Im Übrigen ist das noch ein schmerzhafter Prozess. Dies sehen wir immer dann, wenn die Damen ihre Schuhe ausziehen, und zur Entlastung lieber barfuß laufen. Vergleichbar mit dem Zug, keine richtige Haftung.

Unterschenkel
Form? ___________
Festigkeit ___________

Wie sehen deine Unterschenkel, die Waden und das Schienbein aus. Knochig, fleischig, durchtrainiert oder wabbelig. Beim Zug wäre das dann die unrunde Fahrweise.

Knie
Form? ___________
Festigkeit? ___________
Schmerzen? ___________

Das Knie ist ein wichtiges Verbindungsglied und trägt dazu bei, dass wir uns fortbewegen können. Darum ist es dringlich, dass die Knie immer wieder buchstäblich geölt werden. Es ist wie die Federung beim Zug. Wenn es rastet, ist es nur eine Frage der Zeit, bis es rostet. Das ist kein sehr schöner Moment. Vor allem dann, wenn sich die Knie anfangen zu deformieren.

Oberschenkel
Form? ___________
Festigkeit? ___________
Krampfadern? ___________

Sind es eher wabbelige Oberschenkel, voller Dellen und Ausbuchtungen. Schlaff, die Haut runterhängend, verfärbt und womöglich noch mit Krampfadern durchzogen? Selbstverständlich kannst du bei dieser Aufgabe noch weitere Eigenschaften aufführen. Ich hätte das jetzt noch weitaus mehr ins kleinste Detail unterteilen können. Mir geht es aber in erster Linie darum, dass du einfach mal Bilanz ziehst. Oberschenkel als Unterbau des Zuges.

Geschlechtsorgane
Form? ____________
Festigkeit? ____________
Größe? ____________

Es ist verrückt, die Männer klagen in der Regel über ein zu kleines Glied und wünschen sich fast alle ein großes. Die Frauen beklagen sich über die Schamlippen und die Form der Klitoris. Entweder zu groß, zu klein, zu wuchtig und vieles mehr. Vergleichbar beim Zug mit der Form der Karosserie.

Po
Form? ____________
Festigkeit? ____________
Größe? ____________

Wie sieht dieser aus, ein kleiner knackiger Hintern, oder eher ausladend? Durchtrainiert oder zu lockeres Gewebe, welches runterhängt und noch voller Cellulitis ist?

Bauch
Form? ____________
Festigkeit? ____________
Cellulitis? ____________
Groß? ____________

Wie sieht der Bauch aus? Flach, spitz, viel Bauch und so weiter. Voll mit Cellulitis, schwabbelig und was es sonst noch alles so gibt. Der Bauch gehört zur Karosserie des Zuges.

Busen
Form? ____________
Festigkeit? ____________
Größe? ____________

Es ist für mich faszinierend zu sehen, wie viel Unzufriedenheit hier vorherrscht. Die eine Frau findet ihren Busen zu klein und hätte gerne einen großen. Die nächste Frau findet ihren zu groß und so weiter.

Gesicht
Form? ____________
Augen? ____________
Größe? ____________

Wie sieht das Gesicht aus, strahlend oder eher mürrisch? Hat es schöne und große Augen, wie ist die Gesichtsform? Ist es ein gepflegtes Gesicht mit Ausdrucksstärke?

Haare
Form? ____________
Kurze Haare? ____________
Lange Haare? ____________
Farbe? ____________

Bei den Haaren, das ist für die meisten echt ein Dilemma. Da wird auf Teufel komm raus rumgebastelt. Über kurz bis lang und oft mit viel Farbe. Vergleichbar mit der Farbe des Zuges.

Arme
Form? ____________
Festigkeit? ____________
Größe? ____________

Wie schaut es damit aus? Schön und fest, oder alles runterhängend? Durchtrainiert oder lasch, es gibt so viele Formen, die hier zum Tragen kommen.

Hände
Form? ____________
Lange Finger? ____________
Kurze Finger? ____________
Größe? ____________

Auch hier erleben wir das gleiche Dilemma, Männer sind in der Regel zufrieden mit ihren Händen. Frauen mäkeln da weitaus mehr herum. Gut, mit Nagellack und verlängerten Fingernägeln kann man da schon etwas machen.

Rücken
Form? ____________
Muskulös? ____________
Gepflegt? ____________

Rücken in allen Variationen finden wir hier, solche die buchstäblich entzücken und andere die das Gegenteil bewirken.

Was denkst du jetzt

Ich hoffe, dass du nicht zu frustriert bist, aber genauso auch, dass du das Ganze nicht ins Lächerliche ziehst. Dies machen viele, die wollen sich nicht mit sich beschäftigen. Wozu denn auch, es könnte ja letzten Endes unangenehm werden. Darauf hat man keine Lust und dennoch ist es latent da und beschäftigt einen. Deswegen möchte ich dich bitten, dass du hundertprozentig dabei bist. Wie ist deine Benotung ausgefallen? Wie fühlst du dich damit? Wenn ich das auf meinen Seminaren manchmal mache, wenn es zum Thema passt, sind es in der Regel keine positiven Benotungen.

Was ist wichtig

In erster Linie ist es mehr ein oberflächliches Betrachten und die Benotung dazu. Wenn wir dann in die Tiefe einsteigen, liegen die Gründe für Unzufriedenheit oft am mangelnden Selbstwertgefühl und das ist fatal. Darüber mehr in einem späteren Kapitel. Wichtig ist, dass alles gesund ist und funktioniert. Dies ist die Ausgangsbasis von allem.

Dein Fazit: ______________________________________

Was kannst du an deinem Zug verändern

Manche Dinge sind gegeben, wenn du 1,50 Meter groß bist, bist du das eben. Wenn es ein kleiner Waggon ist, ist es eben ein kleiner und kein großer. Das sind unveränderbare Tatsachen. Da können wir uns quer stellen, es bleibt, wie es ist. Je schneller wir den Frieden gefunden haben, desto besser geht es uns. Umso wohler fühlen wir uns, und je wohler wir uns fühlen, desto leistungsfähiger und selbstbewusster bewegen wir uns durch die Welt. Das sind die entscheidenden Parameter, die uns weiterführen und zum Erfolg.

Was kannst du nicht verändern

Schauen wir uns die einzelnen Parameter an, es sind Dinge, in jeder Hinsicht unverrückbar. An der Größe der einzelnen Körperteile können wir nichts ausrichten, nur an ein paar ganz wenigen. Da können wir die Chirurgen der Schönheit beauftragen ans Werk zu gehen. Ob das sinnvoll ist? Ich bin mir da nicht sicher und die Chance, dass dabei etwas daneben geht, ist vorhanden. Was wäre, wenn? Tja, dann ist alles nur noch viel schlimmer und ob man sich das antun muss? Da gibt es andere Stellschrauben, an denen man drehen kann, dass es passt.

Schauen wir uns kurz die einzelnen Körperteile an.

- Füße
- Beine
- Hände
- Rücken
- Gesicht

Füße
Du hast eine bestimmte Schuhgröße, die wird auch ewig so bleiben. Was einige Frauen machen, sie zwängen ihre Füße in zu kleine Schuhe, damit die Füße kleiner werden. Das Einzige was dadurch passiert, dass die Füße nach dieser jahrelangen Folter verkrüppeln und teilweise ein wenig kleiner aussehen. In offenen Schuhen sieht das nicht gerade gut aus.

Beine
Diese haben nun mal ihre Länge und ihre Form. Wo du ein wenig gegen steuern kannst, ist beim Umfang, durch Sport treiben und Ernährung.

Hände
Diese haben ihre Größe und damit hat es sich. Ob du lange oder kurze Finger hast, darauf hast du keinen Einfluss. Aber du kannst deine Hände pflegen.

Rücken
Auch ein Rücken hat seine ursprüngliche Form, was man natürlich machen kann, ist den Rücken durch entsprechendes Training, und eine gute Haltung zu formen.

Gesicht
Wir haben von Geburt an eine Gesichtsform mitbekommen. Darin enthalten sind nun mal die Nasengröße und -form, der Mund, die Augen die Wangen und vieles mehr. Da kann man nur etwas mit plastischer Chirurgie verändern.

Was kannst du verändern

Das ist der Punkt, wo es für uns spannend wird. Hier schauen wir genauer hin und führen die einzelnen Positionen auf. Das ist zu wichtig, um da oberflächlich darüber hinwegzugehen. Das ist wie mit dem Zug, wir können schauen, dass der Lack außen gepflegt ist. Ebenso ob innen alles passt und sauber ist. Bei dieser Größenordnung sind uns aber einfach die Hände gebunden.

Schauen wir uns kurz die einzelnen Körperteile erneut an.

- Füße
- Beine
- Hände
- Rücken
- Gesicht

Füße
Da können wir darauf achten, dass wir ausschließlich mit gesundem Schuhwerk unterwegs sind. Ich hatte früher etliche Fußschmerzen und eingewachsene Zehennägel. Wer das einmal erleben darf, braucht so etwas nie mehr. Empfehlung von mir ist einmal im Monat zum Fußpfleger zu gehen. Das sind in der Regel Spezialisten der Füße, die für die berühmte Fußgesundheit zuständig sind. Diese schneiden dir einmal im Monat die Nägel, entfernen Hornhaut, Hühneraugen und alles, was sonst noch dazu gehört. Unterstützen kannst du das Ganze noch durch regelmäßige Fußgymnastik und natürlich Massagen. Ich bevorzuge da die Fußreflexzonen-Massage. Aber bitte keine Streicheleinheiten, sondern mit Power, ich möchte was spüren, und es soll schließlich etwas bewirken. Die Füße sind vergleichbar mit den Wurzeln eines Baumes. Je gesünder das Wurzelwerk, umso prächtiger der Baum. So ist es auch mit unseren Füßen.

Beine
Du kannst deine Beine trainieren und auch etwas für die Straffheit der Haut tun. Es gibt wundervolle Cellulitis-Behandlungen, Massage, Lymphdrainagen, alles Dinge, die dazu beitragen, dass deine Beine schön und gepflegt aussehen. Denn das kann man nicht von allen Beinen sagen. Achte auch auf viel Bewegung, das ist wichtig

für die Fuß- und Beingesundheit. Die meisten sind diesbezüglich der Meinung, dass es schon irgendwie gehen wird. Das ist ein großer Trugschluss, denn von allein geht es nicht.

Hände

Gibt es etwas Schöneres als gepflegte Hände? Ich glaube kaum, und wenn die Nägel schön gepflegt sind, ist das doch eine runde Sache. Das kann ich sehr wohl steuern, gönne mir regelmäßig eine Maniküre. Lass mir die Hände massieren und achte darauf, dass es immer gut aussieht. Das ist kein Hexenwerk, wenn man es regelmäßig macht.

Rücken

Für den Rücken, wie übrigens für den gesamten Körper lasse ich mich regelmäßig massieren. Das tut unendlich gut. Ich fühle mich danach viel besser als Ergänzung dazu noch Yoga oder sonstige Rückenschulung. Schon passt es, aber auch hier wie überall, wenn ich nichts tue, passiert nichts. Also liegt es wie immer klar in meinen Händen, was ich daraus mache und mich letztlich in meiner Haut wohlfühle.

Gesicht

Da graust es mir des Öfteren, wie ungepflegt manche Menschen rumlaufen. Das kann und darf nicht wahr sein. Ein wenig Wasser und Kernseife reichen bei Weitem nicht mehr aus. Die Zeiten sind längstens vorbei. Da muss ich heutzutage mehr tun. Ich kann es nur jedem ans Herz legen, geht mindestens einmal im Monat zur Kosmetikerin. Lasst euch behandeln, die Haut und damit das Gesicht sehen danach viel besser aus. Aber man muss es halt tun. Ich würde auch immer darauf achten, was ich mir ins Gesicht schmiere. Auf meine Haut kommen nur reine und zertifizierte Naturkosmetik-Produkte von Crameri-Naturkosmetik.

Wir könnten jetzt so fortfahren

Wir könnten den menschlichen Körper noch weiter auseinandernehmen und in die kleineren Details gehen. Ich denke, du weißt nun, um was es geht und kannst damit gut klarkommen. Mir ging es darum, das Vehikel Zug, deinen Körper als das anzusehen, was er ist. Da wo ich was ändern kann, tue ich es. Wo ich keine Chance habe, auf natürliche Art und Weise etwas zu bewegen, lasse ich es, wieso sollte ich mir diesen Krampf antun?

Ich verzichte gerne auf die Schönheitschirurgie

Das ist meine persönliche Meinung, ich habe auch zu viel Angst vor Operationen. Allein die Vorstellung, mich bei der Narkose ins Jenseits befördern zu lassen, damit mag ich nichts zu tun haben. Dies nur wegen der vermeintlichen Schönheit. Wer gibt vor, wo Schönheit anfängt und wo sie aufhört? Das ist immer ein subjektives Empfinden. Nach solch einer OP steigt nicht mein Selbstwertgefühl. Das gehört ins Reich der Märchen, so etwas zu glauben. Ich bleibe nach wie vor der gleiche Mensch.

Dein Fazit: ______________________________

Lernen wir uns selbst zu lieben

Dein Zug ist nun mal so, wie er ist, wo du kannst, achte darauf, und pflege deinen Zug. Da wo du nichts ändern kannst, lasse es in sich ruhen und freue dich darauf, dass alles so gut miteinander harmonisiert. Denn das ist keine Selbstverständlichkeit. Der erste und zugleich größte Schritt ist, sich selbst zu lieben. Sich anzunehmen, zu achten und zu estimieren. Wer das kann, hat gewonnen. Nur dies geschieht nicht von allein, da ist es erforderlich, dass ich es von Anfang an bewusst mache. Die erste Übung haben wir bereits hinter uns, als du alles festgehalten hast, was für dich wichtig ist und was nicht.

Wer sich selbst liebt, ist unendlich stark und groß

Wir müssen nur dazu bereit sein, den Weg der Liebe zu gehen. Freiwillig und in großer Freude, für eine gigantische Zukunft, die wir uns verdient haben. Ja, wir haben uns ein wundervolles Leben verdient, und dem auch geöffnet. Das ist der springende Punkt, dass ich mich dazu bereit erkläre und mich öffne. Wer das nicht macht, tut sich unendlich schwer und das gilt es ab sofort zu vermeiden. Wieso soll man sich quälen, wenn es auch anders geht. Die Liebe ist der größte Tür- und Toröffner aller Zeiten.

Wie sehr liebst du dich

Hast du dir die Frage schon mal gestellt? Womöglich nicht, denn der Mensch hasst lieber viele Dinge an sich, anstatt sich hundertprozentig zu lieben. Was ist das für eine komische Einstellung? Tue es heute noch, wir fangen auch sofort damit an. Weißt du, wie klasse es ist, wenn dadurch die Selbstachtung anfängt zu steigen? Das ist solch ein erhabenes Gefühl, welches nicht mehr zu bremsen ist. Wir haben es wahrlich in unserer Hand, auch wenn wir das teilweise nicht glauben wollen.

Die Liebe kann alles überwinden, es gibt für sie keine Grenzen

Lies dir diesen Satz nochmals durch, ja deine Liebe kennt keine Grenzen. Du schaffst alles, wenn du es willst, stark und fest dabei bist. Das ist die Grundvoraussetzung, dass du eisern dranbleibst und immer eine Meisterleistung an den Tag legst. Nicht nur ein wenig halbschwanger unterwegs sein, sondern mit Vollgas. Nimm jeden Tag ein großes Bad in der Liebe. Fühle, wie die Liebe alles durchdringt, sie ein fester Bestandteil deines Lebens ist.

Schreibe jetzt bitte auf, was du alles an dir liebst

Das ist gigantisch, wenn man es sich nochmals vor Augen führt. Bitte ohne lange zu überlegen, nur aufschreiben und sich daran erfreuen. Liebe wächst bekanntlich sehr schnell und kennt keine Limits. Du erinnerst dich vielleicht noch daran, wo du bis über beide Ohren verliebt warst? Was war das für ein Gefühl, Wahnsinn? Schreibe nun, was du an dir liebst, warum das so ist und wie oft du das tust oder daran denkst. Auch hier wünsche ich dir nun viel Spaß und Freude bei der sofortigen Umsetzung.

Ich liebe an mir?	Warum?	Wie oft?
1.) ____________________	____________________	__________
2.) ____________________	____________________	__________
3.) ____________________	____________________	__________
4.) ____________________	____________________	__________
5.) ____________________	____________________	__________
6.) ____________________	____________________	__________
7.) ____________________	____________________	__________

8.) ______________________ ________________ ________

9.) ______________________ ________________ ________

10. ______________________ ________________ ________

Super, dass du es unverzüglich erledigt hast. Wieder bist du in deinem Leben ein riesiges Stück weiter. Du kannst stolz auf dich sein, denn du gehörst zu den auserwählten Menschen, die bereit sind, neue Wege zu beschreiten. Es gibt nichts Schlimmeres, wie an alten Zöpfen kleben zu bleiben. Was ist das für ein Gefühl, so in Liebe zu baden, und alles aufgeschrieben zu haben? Ich finde es ist eine wundervolle Aufgabe, wenn man anfängt, über das eigene Leben zu reflektieren. Reduziere es jetzt auf deine drei stärksten Liebesfaktoren. Was gefällt dir supergut an dir?

Ich liebe an mir?	**Warum?**	**Wie oft?**
1.) ______________________	________________	________
2.) ______________________	________________	________
3.) ______________________	________________	________

Wieder ein Stück des Weges gegangen, wie fühlt es sich an? Vielleicht findest du es etwas komisch, dass ich immer wieder nach deinem Wohlbefinden frage. Dies ist aber wichtig, wenn es dir nicht gut geht, ist alles buchstäblich nichts. Genieße die Liebe, bade in dem Gefühl der Liebe, und es wird noch viel mehr werden. Jetzt reduziere es bitte auf deinen Hauptpunkt der Liebe.

Ich liebe an mir?	**Warum?**	**Wie oft?**
1.) ______________________	________________	________

Du hast es geschafft, dazu möchte ich dir herzlich gratulieren. Bevor du es jetzt ablehnst, wie es die meisten Menschen tun, wenn sie gelobt werden, gehe hin und nimm es an.

Fokussiere dich auf deinen stärksten Punkt

Schließe jetzt bitte die Augen und tauche tief in dem Gefühl ein. Wie fühlt es sich an, wenn du tief darin bist? Spürst du die große Wärme, die durch deinen Körper pulsiert? Ich bin immer wieder begeistert davon. Und jetzt, wo du deinen stärksten Punkt hast, was du am meisten liebst an dir, lasse von diesem Zentrum aus der Liebe in den gesamten Körper strömen. Mache das immer und immer wieder. Damit du die Liebe im ganzen Organismus verbreiten kannst. Das tut dir unendlich gut und macht dich fürs Leben so was von stark.

Dein Fazit: ____

Mit diesem Zug voller Liebe begibst du dich auf die Reise

Die Liebe sich selbst gegenüber ist der erste wichtige Schritt, dann kommt automatisch die Liebe zum Leben, und damit zu unseren Mitmenschen. Je mehr wir in der Liebe sind, desto mehr Energie und Lebensfreude besitzen wir. Ohne Liebe verkümmert alles, und genau das gilt es zu vermeiden. Das Leben ist Fülle und Reichtum, leider leben viele Menschen auf der anderen Seite. Du kannst dich jederzeit entscheiden, auf welcher Seite du leben möchtest.

Liebe durchdringt alles

Das musst du wissen, Liebe kennt keine Grenzen. Sie durchdringt die gesamte Materie und ist immer göttlichen Ursprungs. Wenn du den Ausdruck Gott nicht magst, kannst du es auch als kosmische Energie bezeichnen. Es ist die höchste Energieform für uns Menschen auf Erden. Wir haben jetzt zwei Möglichkeiten, entweder schließen wir uns ihr an, oder bleiben außen vor. Ich bin lieber mitten drin und damit im großen Energiefluss.

Wieso erzähle ich dir das

Vielleicht hast du den Zusammenhang noch nicht gefunden, was Liebe mit dem Lebenszug zu tun hat. Das ist simpel, wenn du dich annimmst, bist du in der wundervollen Liebe. Wenn du in der Liebe bist, kann dein Lebenszug ruhiger rollen. Es gibt viel weniger Störungen und Stress. Wir können dadurch in Harmonie unterwegs sein, und wenn unser Zug mal eine Störung aufweist, oder Menschen dabei sind, die uns im Moment nicht guttun, wissen wir eines, es geht vorbei. Wir leben durch die Liebe im göttlichen Urvertrauen, dass alles gut ist, wie es ist.

Du kannst es glauben oder nicht

Das finde ich spannend, man kann solche Sachen glauben oder ablehnen. Ich habe mir eines angewöhnt, bevor ich etwas ablehne, es immer eine Zeit lang zu tun. Wie kann ich etwas ablehnen, was ich nicht kenne, noch nicht getan habe. Das geht nicht, ich raube mir die Chance, dass es womöglich etwas Großes und Wundervolles werden kann. Ich bin nicht verrückt und mache so etwas. Natürlich war ich früher auch so, ich gehörte zu den großen Spezialisten, die permanent alles abgelehnt hatten. Das ist aber zum guten Glück schon lange vorbei. Seitdem ich mich geöffnet habe, durfte ich viele wunderschöne Momente erleben.

Gehe immer den berühmten Königsweg

Das ist der Weg, den andere Erfolgreiche auch bereits gegangen sind, das möchte ich dir ans Herz legen. Wenn du diesen Weg nimmst, hast du bereits im Vorfeld gewonnen. Es ist der edelste Weg, welchen du einschlagen kannst. Immer und ausschließlich von Erfolgreichen zu lernen und niemals von anderen. Denn die Erfolgreichen wissen, wie es geht, sie kennen sich aus, also begeben wir uns mit ihnen auf den Weg. Lassen uns von ihnen coachen und haben dabei unendlichen Spaß und Lebensfreude.

Dein Fazit: ____

Was macht solch ein Lebenszug genau

Die Aufgabe eines Zuges ist, er muss auf den Schienen fahren/rollen. Je öfter er unterwegs ist, desto mehr kann er bereisen. Menschen steigen ein und aus. Ware wird an Bahnhöfen ein- und ausgeladen. Wenn wir das übertragen, entspricht das exakt unserem Leben. Es ist ein Kommen und ein Gehen, es ist der berühmte Fluss der Zeit, in dem wir uns da befinden. Ein Traum, wenn es wie geschmiert läuft und ein Albtraum, wenn der Zug nicht rollen kann, oder die falschen Gäste mit an Bord sind.

Welche Zielbahnhöfe werden angefahren

Es gibt auf der ganzen Welt zig Bahnhöfe und deswegen ist es für uns Menschen wichtig, genau zu wissen, wohin wir unseren Zug rollen lassen. Je früher man sich darüber Gedanken macht, desto schneller geht es voran. Denn es soll ja eine gigantische Reise werden. Für einen Zug gibt es nichts Schlimmeres, als im Bahnhof zu stehen und nicht fahren zu können. Alles rostet und geht im Laufe der Zeit kaputt. Ich bin mir sicher, du kennst auch solche Menschen, bei denen sich nichts mehr tut.

Gleich nach der Geburt fahren unsere Eltern mit uns mit

Diese bestimmen, wohin die Reise geht, denn da können wir noch nichts ausrichten. Wir sind auf sie angewiesen, sie kümmern sich um alles und halten unseren Zug am Laufen. Sie putzen den Zug, leeren die Toiletten, bringen Nahrung in den Speisewagen, sodass wir nicht verhungern. Der Zug rollt gemächlich vor sich hin. Alles ist soweit im grünen Bereich und geregelt. Ab und an halten wir an einem Bahnhof und der Kinderarzt steigt zu, um zu schauen, ob alles in Ordnung ist. Danach geht die Reise weiter.

Ein wenig später hält der Zug am Bahnhof Kinderkrippe

Dort bleibt der Zug den Tag über stehen und es geht lustig zu und her. Entspannung, Freude, und manches Tränchen wird da vergossen. Der Bahnhof Kinderkrippe übernimmt die gesamten Aufgaben wie Speisen an Bord bringen, spielen und so weiter. Dazu gehört auch, dass der Zug während der Schlafenszeit nicht fährt. Am Nachmittag geht die Reise zurück in den Bahnhof Eltern. Dort bleibt er die Nacht über stehen. In dieser Art geht es weiter, einige Monate oder Jahre später, hält der Zug im Bahnhof Kindergarten.

Der Zug rollt Tag für Tag

Das ist die Aufgabe unseres Lebenszuges, auf den Schienen zu sein. Mal läuft der Zug schnell, manchmal langsamer. Der Bahnhof Kinderkrippe und Kindergarten wurde in den letzten Jahren häufig angefahren. Einige Mal ging es mit dem Zug auch in die Berge oder ans Meer. Urlaub war angesagt, das waren immer die großen und wunderschönen Momente des Lebens.

Bahnhof Schule

Danach kam die Zeit der Einschulung, das war der nächste Schritt. Es gibt überall zig Bahnhöfe mit dem Namen Schule. Frage ist, welchen Bahnhof haben die Eltern für uns ausgesucht. War es ein staatlicher oder ein privater Bahnhof?

Bahnhof Lehre oder Studium

Nach jahrelangen Aufenthalten auf den Schulbahnhöfen beginnt die Lehre oder das Studium. Auch da bleiben wir mitunter eine lange Zeit in den Bahnhöfen stehen. Da ist häufig viel los und wir entwickeln unseren Zug weiter. Eine spannende Angelegenheit, welche dazu führt, dass sich durch das Wissen vieles verändert und zum Positiven wandelt.

Dein Fazit: ______________________________

Wen lassen wir in unseren Lebenszug einsteigen

Jetzt wird es spannend, wen lassen wir in unseren Zug einsteigen? Wer darf mitfahren und wo sitzen diese Personen, in der ersten Klasse oder in der zweiten Klasse? Welches Gepäck und welche Ware nehmen wir mit? Wie lange werden die jeweiligen Menschen und die Ware bei uns im Zug mitfahren? Manche bleiben bis zum endgültigen Stillstand des Zuges bei uns, und andere steigen nach einer kurzen Fahrt unverzüglich aus.

Wen nehmen wir auf unsere Reise mit

Ich finde das ist eine spannende Angelegenheit und macht nebenbei auch noch Spaß. Wichtig ist dabei, dass wir genau darauf achten, wen wir mitnehmen und wen nicht. Wenn wir die falschen Leute mit an Bord haben, kann das ungemütlich werden. Genau das wollen wir auf keinen Fall, denn die Zugfahrten sollen immer schön und gesittet ablaufen. Wir wollen jede Menge Spaß haben.

Manche Menschen müssen wir des Zuges verweisen

Das sind Personen, die uns nicht guttun, uns schaden. Wieso sollten wir diese bei unseren Reisen mitnehmen? Wir wären verrückt, wenn wir dies tun würden. Darum ist es äußerst wichtig, zu überprüfen, wer dabei ist. Vielleicht kommt dir das alles nun etwas komisch vor. Das macht nichts, lasse es einfach gut sein. Im Laufe des Buches verstehst du immer besser die Zusammenhänge.

Was für Menschen steigen ein

Es gibt unterschiedliche Menschen, die in unseren Lebenszug einsteigen und uns des Weges begleiten. Mal sind es angenehme Zeitgenossen, mal weniger. Letztendlich entscheiden wir, wen wir mitnehmen und auf was wir uns da einlassen. Das hat nichts mit Schicksal zu tun, wie man oft versucht, uns weiszumachen. Das hängt von unserer Einstellung und Offenheit ab. Schauen wir uns einige der Leute an, die dabei sind.

- Freunde
- Kunden
- Firmen
- Nachbarn
- Kollegen
- Ehepartner
- Kinder
- Eltern
- Verwandte
- u.v.m.

Die Liste könnten wir beliebig fortführen. Ich finde es spannend, wenn man anfängt, sich mit dem Thema zu befassen. Ich liebe es in Gleichnissen zu denken, und zu leben. Das gibt mir unendliche Kraft, Power und Energie, dafür bin ich dankbar. Dass ich so viele Erkenntnisse haben darf und damit leben kann. Wir werden in dem Buch immer wieder auf einzelne Personen eingehen.

Achte darauf, wen du einsteigen lässt

Das möchte ich dir nahelegen. Lasse nicht jeden in deinen Zug einsteigen. Das wäre nicht gut, und wenn Störenfriede drin sind, entferne diese am nächsten Bahnhof. Es ist deine Aufgabe darauf zu achten, dass dein Zug sauber und integer bleibt. Bleibe bitte deinen Grundsätzen treu, verkaufe nie mehr deine Seele. Das ist nicht gut, es schadet dir. Du hast doch ein wundervolles Leben auf dieser Erde. Freue dich darüber und lebe es mit großartigen und tollen Menschen zusammen.

Es ist dein Zug

Denke bitte immer daran, es ist dein Zug. Das ist wichtig, denn oft denken die Menschen nicht daran und fühlen sich dadurch unnötig belästigt und sogar in ihrem Leben behindert. Das ist unklug und darauf musst du achten. Dein Leben ist zu wertvoll, um es mit Menschen zu verplempern, welche dir nicht guttun. Vielleicht sogar solchen, die die Notbremse ziehen. Ich bin mir sicher, dass du auch solche Menschen kennst, die permanent versuchen einen zu behindern.

Nichts ist für die Ewigkeit

Das ist wichtig, dass wir uns dessen bewusst sind, nichts ist für die Ewigkeit. Deswegen sind alle Menschen, die uns begleiten nur geborgt. Das heißt, eines Tages werden sie aus unserem Zug aussteigen. Sei es freiwillig, weil sie woanders mitfahren möchten, der Tod sie abberuft, oder wir uns im Streit trennen. Es gibt etliche Möglichkeiten, wieso für manche die Fahrt mit unserem Zug zu Ende ist. Einige wenige fahren bis an unser Lebensende mit.

Manche finden das schlimm

Das ist nicht schlimm, es ist unser Leben. Da ist alles und es ist gut so, wie es ist. Das macht es gerade spannend. Sind wir darum täglich dankbar dafür. Es ist das Schönste, was es für uns gibt. Ich bin glücklich und froh, dass ich solch ein wundervolles, und selbst gestaltetes Leben führen darf. Jeden Tag immer wieder aufs Neue geht es von vorne los, und ich habe zig Möglichkeiten mich und mein Leben zu leben, so wie ich es will.

Sehen wir es locker und cool

Dadurch müssen wir es auch angehen und nie mehr Stress verbreiten. Was die meisten machen ist doch verrückt. Lieben wir die Vollkommenheit des Augenblicks. Denn das ist in der Tat der einzige Moment, der uns gehört und in dem wir wirklich vollkommen sind. Welch eine wundervolle Größe sich da auftut, wenn man das Prinzip verstanden hat. Einfach nur traumhaft und grandios, lieben wir es aus vollem Herzen.

Im Laufe der Zeit wird unser Zug älter

Auch das ist ein normaler Prozess, dem wir unterliegen. Mal geht da was kaputt, mal dort. Dann muss der Zug in die Werkstatt zur Reparatur, und danach geht es wieder auf die Schienen. Bis eines

Tages der Zug, wenn wir nicht aufpassen und ihn richtig hegen und pflegen, auf das Abstellgleis kommt. Auf dem der einstmals schöne Zug nur noch vor sich hingammelt, bis der Schrotthändler kommt und ihn nach einiger Zeit auseinandernimmt.

Alles hat seine Zeitqualität

Von Anbeginn bis ans Lebensende. Wichtig ist für uns, dass wir jeder Epoche das Beste abgewinnen können. Wenn eine Epoche in die nächste geht, gibt es kein Zurück mehr. Was abgeschlossen ist, kommt nie mehr, das nennt man Vergangenheit. Leider verstehen das aber einige Menschen nicht. Sie versuchen noch stets, in der anderen Epoche zu leben.

„Erfolgreiche Menschen machen in jeder Epoche ihres Lebens eine riesen große Meisterleistung!"

Ernst Crameri

Wenn wir in unserer Zeitqualität leben, geht es uns weitaus besser und wir sind super leistungsfähig. Oder wie es treffend heißt, „Im Saft des Lebens!" Ich liebe es, jeder Epoche das Beste abzugewinnen. Tue es auch ab heute und deine Lebensqualität wird eine völlig andere.

In welcher Zeitepoche lebst du gerade

Hast du dir darüber schon Gedanken gemacht? Ich bin froh, dass ich jede Epoche intensiv gelebt habe. Früher nicht so intensiv wie heute. Denn damals war das Bewusstsein noch nicht so ausgeprägt wie heute, aber daran arbeite ich jeden Tag. Denn ein hohes Bewusstsein ist durch nichts zu ersetzen. Nutze auch du diese Chance für dich. Denn wer nicht aufpasst, hat bereits verloren. Ich persönlich habe keine Lust als Verlierer durch die Welt zu gehen, das ist deprimierend.

Dein Fazit: ____

Die Eltern begleiten uns ein Leben lang im Zug

Sie steigen bei unserer Geburt ein, und dann fängt der Zug sofort an zu rollen. Hier müssen wir aufpassen, dass wir den Eltern nicht zu viel Platz im Zug einräumen. Das wäre alles andere als gut, denn sie tendieren rasch dazu, sich gemütlich auszubreiten. Das ist fatal für unsere Entwicklung, es behindert uns. Eltern machen sich dermaßen breit, in jedem Waggon und auch vorne in der Lokomotive. Sie wollen überall mitbestimmen, aber das geht nicht, dies musst du dir rigoros verbieten.

Eltern müssen ab und zu auch aussteigen

Wenn Eltern nicht aussteigen wollen, wird es irgendwann ungemütlich. Du fühlst dich in deinem eigenen Zug nicht mehr wie zu Hause. Das darf niemals sein und im Führerstand der Lok, ist nur Platz für eine Person. Diese Person bist du, du bestimmst, wo deine Reise hingeht. Es gibt genügend Kinder, die bereits erwachsen sind, teilweise eigene Kinder haben, wo die Eltern noch tatkräftig mitmischen.

Sei bitte resolut

Darum möchte ich dich von Herzen bitten, auch wenn du das jetzt noch nicht erfassen kannst. In erster Linie geht es darum, dass du dich wohlfühlst. Die Eltern und dies muss uns bewusst sein, haben ihr Leben bereits gelebt. Du bist nicht für das Leben deiner Eltern verantwortlich. Du kannst für die Eltern da sein, aber bitte nie bis zur Selbstaufgabe.

Die Mütter vereinnahmen die Töchter

Ich finde es schlimm, was mit den Töchtern passiert. Diese Mütter haben ihre Töchter in den Klauen und lassen sie nicht mehr los. Wenn das Mädchen nicht funktioniert, werden die verschiedensten Spielchen ausprobiert. Von trotzig, beleidigt bis hin zu Krankheiten. Mütter sind wahre Meister darin. Immer wenn die Tochter in Urlaub fahren will, wird die arme Mama krank und das Mädchen bringt es nicht über das Herz, die Reise anzutreten, dies ist nicht lustig.

Es ist dein Zug und dein Lebensweg

Es muss dir bewusst sein, dass du absolut niemanden, in deinem Zug duldest, der dir zu sagen hat, wohin die Reise gehen soll. Es obliegt nur dir und das gibst du niemals aus deiner Hand. Mögen die Eltern beleidigt sein, das spielt überhaupt keine Rolle. Wichtig ist nur eines, dass dein Lebenszug in aller Ruhe vor sich hinrollen kann. Das wünsche ich dir von ganzem Herzen und darauf musst du bitte unbedingt aufpassen, denn sonst endet es vielleicht im totalen Chaos.

Welche Beziehung hast du zu deinen Eltern

Das ist wichtig, dass wir uns diese näher anschauen, denn daraus kann etliches abgeleitet werden. Ob es passt, es dir guttut, oder ob sie deinen Zug fahren und du nur eine Marionette bist. Je genauer du hinschaust, desto besser läuft es. Es geht mir nicht um Zwietracht zu säen, sondern, dass du deinen Frieden für dich findest.

Du hundertprozentig darin aufgehst, mit deinem Zug Freude und Spaß hast, und damit mit dem Leben. Schreibe jetzt nachfolgend die Beziehung auf, die du zu deinen Eltern hast. Bitte nicht lange überlegen, sondern sofort schreiben. Dann wieso das so ist und in welcher Energie sich das Ganze bewegt, ob positiver oder negativer Natur. Lege sofort los und sollte der Platz nicht ausreichen, weil du noch mehrere Punkte hast, klebe ein Blatt Papier in das Buch, dadurch verschaffst du dir weiteren Platz.

Beziehungen?	Wieso?	Energie?
1.) ____________	____________	______
2.) ____________	____________	______
3.) ____________	____________	______
4.) ____________	____________	______
5.) ____________	____________	______
6.) ____________	____________	______
7.) ____________	____________	______
8.) ____________	____________	______
9.) ____________	____________	______
10. ____________	____________	______

Wie fühlt es sich für dich an? Als ich es damals gemacht habe, ist mir klar geworden, wie manipulativ meine Eltern doch waren. Das hat mir nicht gutgetan und deswegen habe ich meine Konsequenzen daraus gezogen. Meine Eltern durften mich nicht mehr in Deutschland besuchen kommen. Denn es gab fast immer ein riesen Theater.

Ich hatte die Eltern mit dem Flieger abgeholt, da ich wollte, dass sie es komfortabel haben. Es gab Vorwürfe, wieso wir erst in den Abendhimmel hinausfliegen. Man müsste morgens fliegen und nicht am Abend, da hätte man noch etwas vom Tag. Dann ließ ich sie erster Klasse mit dem Zug kommen. Da meinten meine Eltern, das wäre überhaupt kein Unterschied. Folglich buchte ich für die Herrschaften nur noch zweiter Klasse, denn das Geld konnte ich mir sparen.

Ich hatte sie damals gut vier Wochen in eine wunderschöne Ferienwohnung einquartiert, das hat ihnen auch nicht gepasst. Ein anderes Mal verbrachten sie die Zeit bei mir im Haus. Da war das Maß voll, es war irgendwann gut. In dem Moment, wo ich die Entscheidung getroffen hatte, dass sie nicht mehr zu mir zu Besuch kommen, ging es mir schlagartig um Welten besser. Ich fühlte mich wieder in meinem Lebenszug wohl. Ich hatte auch die Kraft Entscheidungen zu treffen, die fällig sind. Tief in deinem Inneren spürst du es schon lange. Höre endlich auf dich und gehe deinen Weg.

Sollte nun in dir eine gewisse Opposition hochkommen von wegen „Das tut man nicht, es sind die Eltern." Schiebe es sofort wieder auf die Seite. Denn wer hat dir diese Muster eingepflanzt, es waren ja gerade die Eltern. Schätze deine Eltern, sei ihnen dankbar für alles, was sie für dich getan haben. Setze aber bitte klare Grenzen, dir geht es dadurch sofort wesentlich besser und du fühlst dich wie befreit.

Das ist der entscheidende Punkt, dass es dir supergut geht. Im Übrigen deine Eltern werden das überleben. In der Regel ist es die Mutter, die da noch ein wenig rumzedert und verärgert ist, wenn du aber stark bleibst, legt sich das schnell. Jetzt reduziere die zehn Punkte auf die drei für dich am stärksten wirkenden. Nicht lange überlegen, sondern sofort notieren.

Beziehungen?	**Wieso?**	**Energie?**
1.) ________________________	__________________	_________

2.) ________________________ __________________ ________

3.) ________________________ __________________ ________

Wie ist es nun für dich? Wird dir durch diese Übung einiges klarer? Das ist wichtig, dass du den Durchblick behältst, genau weißt, was da vorgeht und dafür ist die Übung ideal. Dadurch kannst du sofort überblicken, ob es dir gut oder schlecht geht. Ich liebe mir Klarheit im Leben zu verschaffen. Ich fühle mich dadurch glücklicher und das ist genau der Punkt, wo auch du hinmusst. Das Leben ist viel zu kurz, um sich unwohl zu fühlen. Um im ewigen Stress der Ungereimtheiten zu leben. Das Leben ist nochmals Harmonie und darauf lässt sich alles aufbauen.

Sei dankbar, dass du dieses Buch liest und bereit bist den Weg zu gehen. Das ist wichtig, immer eine Entscheidung zu treffen und sich daran zu halten. Wenn du es nicht tust, verleugnest du dich, und dies ist das Schlimmste, was man sich als Mensch überhaupt antun kann. Hüte dich davor und lasse dich niemals wieder auf solch ein Spiel ein. Bleibe immer integer dir selbst gegenüber. Denn du wirst dich ein Leben lang haben, wie schön, wenn man sich dann auch bis zum Schluss in die Augen schauen kann.

Sich mit sich selbst wohlfühlen, ist der entscheidende Punkt und überaus wichtig. Denn du fährst bis ans Ende deines Lebens, mit deinem Lebenszug. Da ist es wichtig, dass es in alle Richtungen passt. Nachfolgend reduziere deine drei Faktoren auf einen einzigen. Auf den für dich größten und kräftigsten Faktor, den es überhaupt gibt. Was verbindet dich ganz besonders mit deinen Eltern?

Beziehung? **Wieso?** **Energie?**

1.) ________________________ __________________ ________

Klasse, jetzt bist du wieder einen riesen Schritt weitergekommen. Wie ist es nun für dich, wie fühlt es sich energetisch an? Letztlich ist alles nur Energie, entweder positiver oder negativer Herkunft. Ich wünsche dir von ganzem Herzen die positive Energie. Welche dir sehr guttut, dich aufbaut und mit der du konsequent leben kannst, das ist doch traumhaft und gigantisch.

Dein Fazit: ____

Partner begleiten uns ein Stück weit

Ich spreche hier vom Ehepartner oder von der Person, mit der du eine Beziehung hast. Das sind in der Regel die nächsten großen Manipulatoren. Was ich da schon alles erleben durfte. Sie ähneln oft sogar den Eltern, die sich im Zug breitmachen, dann auch ins Führerhaus eindringen und bestimmen wollen, wo deine Reise tatsächlich hingehen soll. Solange man frisch verliebt ist, mag es noch einigermaßen in Ordnung sein. Denn Verliebtheit macht blind und das ist definitiv nicht gut.

Sei stets wachsam

Auch in einer Partnerschaft, denn unter dem Motto Liebe läuft so allerhand, was oft nicht zum Besten bestellt ist. Was da für Fäden gesponnen werden, ich staune immer wieder darüber. Ich stehe manchmal fassungslos davor und kann es überhaupt nicht begreifen. Nun denn, ich war auch mal so. Das heißt, in solch einem Spinnennetz von Liebe, Leidenschaft, Sehnsucht und vieles mehr gefangen. Das geht schneller als man denkt, und es ist schwer da raus zu kommen.

Halte das Führerhaus deiner Lokomotive immer geschlossen

Wenn die Leute erst mal drin sind, wollen sie kaum mehr raus. Denn das ist ja die Zentrale, von dort aus wird der Lebenszug gesteuert. Es ist leider so, dass in Beziehungen wie im gesamten Leben, es immer um die Übernahme der Macht geht. Dafür werden auch Kriege geführt, um an das Zepter zu gelangen. Den anderen zu unterdrücken, das hat System. Es ist übel, wenn so gearbeitet wird. Das haben wir aber auf der ganzen Welt.

Liebe heißt alles zu öffnen

Das ist aber nicht richtig, das merkt man in der Regel erst viel später, was passiert, wenn man dies tut. Darum besetze die berühmten Schlüsselpositionen stets selbst. Wenn du nicht aufpasst, wirst du schon bald die Schwiegereltern mit an Bord haben, danach die Geschwister und Freunde. Das erlebe ich häufig, plötzlich hast du in deinem eigenen Lebenszug nichts mehr zu sagen. Ich hoffe, du verstehst die Ernsthaftigkeit und machst dich nicht darüber lustig, sondern mal ein paar Gedanken. Als ich es das erste Mal gehört habe, musste ich lachen. Ich fand das witzig, dies ist mir aber alsbald vergangen.

Partner sind manchmal unverschämt, frech und fordernd

Sie kennen häufig keine Grenzen und fangen an sich in alles einzumischen. Hier musst du bitte sofort Einhalt gebieten. Das darfst du niemals dulden, du schadest dir damit nur unnötig. Wichtig ist, dass du deine Position, die du innehast, verteidigst, wenn es nötig ist. Lasse nicht zu, dass du keinen Platz mehr in deinem eigenen Leben für dich hast. Das ist das Schlimmste, was dir je passieren kann.

Ich muss meine Frau, meinen Mann fragen

Entschuldigung, wie kommt das denn rüber? Das ist bescheuert, derart vorzugehen, dies solltest du niemals zulassen. Du bist doch ein freier Mensch, also kannst du selbst entscheiden und brauchst niemanden dazu, der dir sagt, was du zu tun oder zu lassen hast. Du bist 18 Jahre alt und damit volljährig, also stehe dazu.

Partner übernehmen oft die Rolle der Eltern

Ich bin mir sicher, du hast das auch schon erlebt. Dies geht dann mit Sprüchen los wie „Ich mag das nicht. Tue das nicht, tue jenes nicht.“ Wie doof ist denn das, so geht es nicht. Außer du liebst natürlich solch eine Art und Weise. Ich brauche das für mich nie mehr wieder in meinem Leben. Ich weiß selbst, was ich will und was nie wieder. Also lasse ich mir bestimmt nicht am Zeug rumflicken, wie es treffend heißt.

Wenn es passt, ist es gut, ansonsten aus dem Zug aussteigen

Mittlerweile sehe ich das cool und souverän. Selbstverständlich war es nicht immer so, dies war ein langer und teilweise schmerzhafter, schwieriger Prozess, welcher dahin geführt hat. Die meisten Partner lassen sich zu viel gefallen. Ich gehörte auch dazu, mache aber niemandem einen Vorwurf. Denn ich bin doch selbst dafür verantwortlich. Ich habe es mitgemacht und so weit getrieben. Trage immer die Verantwortung für dich. Das ist dringlich, dann bist du stets auf der stärkeren Seite. Auf der schwachen Seite des Lebens zu stehen, ist dumm, kostet unnötig Kraft, wertvolle Zeit und Energie.

Es braucht Mut zu sich zu stehen

Leider, leider gibt es viele mutlose Menschen, die durch die Welt marschieren und erstaunt sind, dass das Leben an ihnen vorbeizieht. Das muss nicht sein, das Leben kann in seiner gesamten Fülle bei dir bleiben. Ich weiß, das hört sich jetzt teilweise sehr pathetisch an. Es ist aber so und je schneller wir das für uns erkennen, desto besser geht es uns. Wir kommen zügiger voran und haben dadurch mehr Lebensfreude. Ich liebe die Freude am Leben, und sie ist für mich durch nichts zu ersetzen. Darum achte auf dich, was sich da tut und wie du mit dir selbst umgehst.

Mein Mann, meine Frau möchte das nicht

Da kommen mir gleich die Tränchen, wie kann man nur solch einen Schwachsinn erzählen. Kommt es auf den Partner oder auf dich an? Ich denke es kommt doch nur auf dich an. Denn ob dein Partner, welcher dich dermaßen manipuliert in ein paar Wochen, Monaten oder Jahren noch bei dir ist, das wissen wir nicht. Also gibst du jetzt klein bei, du gehst Kompromisse ein, lebst nicht dein Leben und eines Tages bist du eh allein. Deswegen bin ich der

Meinung, ich halte lieber mir die Treue und verbiege mich nie wieder. Verstehst du den Unterschied, solange ich mir selbst treu bleibe, ist alles in Ordnung. Sobald ich aber davon abrücke, habe ich verloren.

Du hast dich ein Leben lang

Ist dir das bewusst, und wenn du nicht mit dir klarkommst, was ist dann? Ich finde es schlimm, wenn man sich selbst verleugnet. Viele machen das des lieben Friedens willen. Die das getan haben, sagen im Nachhinein, dass es eh nichts genützt hat. Besser sich die Treue gehalten hätten, anstatt sich derart zu verbiegen. Aber was willst du noch machen, vorbei ist vorbei. Also vergessen wir es lieber und machen es ab jetzt richtig und mit Bravour.

Klammere nie mehr

Was ich damit meine, klammere nicht an einer Beziehung. Wenn es passt, ist es wunderbar und wenn nicht, ist es auch in Ordnung. Es gibt da draußen so viele wundervolle Menschen, folglich wirst du nie allein sein, wenn du willst. Wieso sich unnötig Angst einjagen, sich Bange machen? Es ist doch alles vorhanden, was du zum Leben brauchst. Sei dankbar dafür und lebe es endlich. Vielleicht denkst du nun, der hat ja gut reden. Das habe ich in der Tat, denn ich bin wegen diversen Beziehungskisten schon ein paar Mal buchstäblich durch die Hölle gegangen. Ich brauche das nicht wieder, und du solltest es dir auch nicht unnötig geben.

Ein Zug hat mehrere Türen

Die Türen sind klar dazu da, um einzusteigen und auszusteigen. In jedem Bahnhof, den dein Lebenszug ansteuert, stehen Menschen, die einsteigen und mit dir des Weges gehen wollen. Andere steigen wiederum aus, und dies ist der berühmte Kreislauf des Lebens. Er geht solange weiter, wie du lebst, du wirst dich dagegen nicht wehren können. Also nimm es lieber sofort an und sei glücklich darüber. Von tiefstem Herzen zufrieden und dankbar.

Gib dich in die Fülle des Lebens

Gib dich voll und ganz in die Fülle. Das tut dir gut und auch eine Beziehung sollte immer Fülle sein. Wenn sich Leere abzeichnet, steige aus. Respektive lass aussteigen, nicht zu schnell, aber doch stets den Gedanken im Visier, dass wenn es soweit ist, adios heißt. Vorsorglich möchte ich erwähnen, ich habe nicht gesagt, dass du deine Beziehung wegwerfen sollst. Ich habe nur gemeint, dass du auf dich gut aufpasst und dir treu bleibst.

Die eigene Treue ist durch nichts zu ersetzen

Lies diesen Satz bitte nochmals durch. Sich selbst treu zu sein, ist das höchste der Gefühle. Sich zu verleugnen, ist die Abartigkeit in Person, die man nur an den Tag legen kann. Das solltest du wirklich niemals mehr tun. Ich bin mir sicher, dies hast du dir bereits öfters angetan. Das ist nicht schlimm, schlimm wird es nur dann, wenn du nichts dazu gelernt hast und es weiter so treibst.

Jetzt gehen wir erneut in medias res

Wir gehen in die Tiefe unserer Partnerschaft und analysieren diese. Es ist immer ideal, wenn man genau hinschaut und sein Leben überprüft. Es gibt da ein Überprüfungsmodell, mehr darüber im nächsten Kapitel. Was für eine Beziehung führst du? Wieso führst du diese Beziehung, das ist wichtig, es genau zu checken. Wie viel Energie ist da drin, im Positiven und auch Negativen?

Beziehungen?	**Wieso?**	**Energie?**
1.) ____________________	____________________	__________
2.) ____________________	____________________	__________
3.) ____________________	____________________	__________
4.) ____________________	____________________	__________

5.) ______________________ ________________ ________

6.) ______________________ ________________ ________

7.) ______________________ ________________ ________

8.) ______________________ ________________ ________

9.) ______________________ ________________ ________

10. ______________________ ________________ ________

Wie fühlt es sich für dich an? Wenn ich das manchmal auf den Seminaren mache, schauen mich die Leute oft komisch an. Dann höre ich Aussagen wie „Ich mag da nicht so genau hinschauen. Ich weiß es doch seit längerer Zeit. Ich müsste schon lange handeln" und weiteren Schwachsinn. Ist das nicht traurig, man weiß genau, um die Dinge und tut es dennoch, wider besseren Gefühls und Gewissen. Das ist tragisch, darum achte darauf, dass du nie mehr in solch ein Fahrwasser reinkommst.

Auch ich wusste damals bei meiner Beziehung, dass es nicht hundertprozentig passt. Dennoch habe ich mich auf das Spiel eingelassen. Den Preis, welchen ich dafür bezahlt habe, war exorbitant hoch. Es hat fast meine Existenz ruiniert und mich mein Leben gekostet. Im Nachhinein kann ich darüber nur den Kopf schütteln. Ich kann es nicht verstehen, muss es aber auch nicht verstehen, was ich damals gedacht habe. Denn es war ein Teil von meinen Leben und es hat mich zu dem gemacht, was ich heute bin.

Dinge, die waren, gilt es zu akzeptieren, mehr darüber in einem späteren Kapitel. Wir schauen nach vorne und achten darauf, dass wir uns nicht erneut abschießen. Das geht in der Regel recht zügig und dann fangen wir wieder von vorne an. Nein, wir nehmen unsere Erfahrung mit, du nimmst das Wissen aus diesem Buch mit und damit schreiten wir in eine gigantische Zukunft. Das ist alles und dies machen wir mit einer riesigen Bravour. Egal wie die Bilanz ausgefallen sein möge. Es ist alles gut so, wie es ist, die Frage ist aber, was machen wir in Zukunft daraus? Bevor wir dazu übergehen, reduzieren wir die zehn Punkte auf die drei für dich am stärksten wirkenden. Bitte nicht lange überlegen, sondern unverzüglich loslegen.

Beziehungen?	**Wieso?**	**Energie?**
1.) ____________________	________________	________
2.) ____________________	________________	________
3.) ____________________	________________	________

Wie ist es jetzt, vielleicht ist es für dich komisch immer nach deinem Wohlbefinden gefragt zu werden. Das ist aber immens wichtig, denn es ist das Einzige, was übrigbleibt. Ein gutes Gefühl und das möglichst ein Leben lang. Dafür bin ich dankbar, dass wir diese wundervolle Möglichkeit haben. Imstande sind, es umzusetzen und neue Wege zu beschreiten. Den berühmten Königsweg zu gehen, das macht unendlich Spaß.

Hadere bitte niemals, es ist das Schlimmste, was du nur machen kannst. Die meisten Menschen hadern mit ihrem Leben. Das ist Selbstsabotage im höchsten Grade. Du schaufelst dir dadurch dein eigenes Grab. Du kannst sicher sein, dass du der Erste bist, der da reinstürzt. Nimm es an, ob es jetzt positiv oder negativ ist. Die Frage, die sich dann stellt, wo geht die Reise hin?

Das ist weitaus wichtiger, denn die Vergangenheit ist vorbei. Die Strecke, die dein Zug bereits gefahren ist, das kannst du nie mehr rückgängig machen. Du kannst aber darauf achten, wie es ab heute und in Zukunft ist. Das ist viel klüger und cleverer, ab heute mit offenen Augen durch die Welt zu gehen. Reduziere es jetzt bitte auf deinen Hauptpunkt.

Beziehungen?	Wieso?	Energie?
1.) ____________________	____________________	__________

Ich bin sehr stolz auf dich und hoffe, dass du das auch annimmst. Es ist von großer Bedeutung, dass man Komplimente annimmt, sich dafür bedankt und darüber glücklich ist. Es ist doch wunderbar, wenn man gelobt wird. Die meisten werden bei Komplimenten verlegen, oder bedanken sich nicht dafür. Das finde ich fatal, es ist ihnen häufig fast peinlich. Das muss es aber nicht sein, Komplimente sind dazu da, sich darüber zu freuen, zu bedanken und sie zu leben.

Wie fühlst du dich dabei? Als ich damals meine Ehe bilanziert habe, war mir sofort klar, ich konnte, wollte sie nicht mehr weiterführen. Das fühlte sich am Anfang alles andere als gut an. Im Gegenteil, es hat mich massiv in Panik versetzt und traurig gemacht. Der Gedanke nie mehr zusammen zu sein, all die Dinge, die wir gemeinsam erlebt haben, niemals wieder zu haben oder zu erleben.

Auf der anderen Seite war der riesen große Wunsch da, endlich frei zu sein und mir nie mehr sagen lassen zu müssen, was ich zu tun oder zu lassen habe. Ich wollte in Frieden und Freiheit leben, ohne Vorschriften. Es gibt eine alte Indianerweisheit, mit der ich mich am Anfang schwergetan habe. Mittlerweile liebe ich sie, diese trifft haargenau den berühmten Kern.

„Steige ab, wenn dein Pferd tot ist!“

Ist das nicht klasse, das entspricht exakt dem Punkt. Du kannst ein totes Pferd nicht mehr reiten. Da hast du überhaupt keine Chance, folglich musst du es erst gar nicht versuchen. Du bist ein riesen großer Narr, wenn du dies tust. Wenn es Zeit ist zu gehen, respektive den Menschen, den du mal sehr geliebt hast, aussteigen zu lassen, musst du es unbedingt tun.

Dein Fazit: ____

Das Überprüfungsmodell

Es gibt ein wundervolles Überprüfungsmodell, mit dem wir schnell und effizient arbeiten können. Der Mensch tendiert dazu, alles meistens zu kompliziert zu gestalten. Das ist verrückt, denn das Leben ist per se simpel und wundervoll strukturiert. Erst der Mensch macht es zu einem fast unüberschaubaren Thema. Er bauscht manches auf, dass man damit fast nicht mehr klarkommt. Fangen wir wieder an, uns auf das Wesentliche zu reduzieren. Da fühlen wir uns wohl, damit können wir arbeiten.

Überprüfe stets alles

Je mehr du das tust, desto besser und wohler fühlst du dich in deiner Haut. Du bist aus meiner Sicht und von vielen erfolgreichen Menschen, nicht zufällig hier auf Erden. Du hast eine bestimmte Aufgabe übernommen, hast eine Berufung in dir, mit der du arbeiten musst. Das ist ziemlich der einzige Moment, wo du musst. Ansonsten ist immer alles freiwillig.

Schauen wir uns die Parameter der Prüfung an

Der erste Schnelldurchgang dieser Prüfung lautet, das kannst du überall sofort anwenden.

„Tut es mir gut, gibt es mir Energie?"

Das ist die erste Frage, die du dir stellst. Damit hast du sofort eine Konstante erreicht, mit der du wunderbar arbeiten kannst. Wir wollen ja wissen, wie es funktioniert und ob wir uns im Wohlfühlbereich bewegen können. Dann folgt die zweite wichtige Frage.

„Tut es mir nicht gut, kostet es mich Energie?"

Damit hast du dir auf die Schnelle bereits einen guten Überblick verschafft. Das ist doch klasse, wenn man dies so zügig machen kann. Ich tue das bei allem, was ich mache. Ich hinterfrage mich permanent und schon weiß ich es.

Das, was gut ist, tun wir immer wieder

Jetzt geht es darum alles, was gut ist und uns guttut, zu intensivieren. Dies ist das Normalste auf dieser Welt. Permanent vertiefen und damit manifestieren. So kommen wir in unserem Leben weiter. Das gibt uns Kraft und neuen Spirit. Wir sind dafür verantwortlich, dass wir uns in unserem Leben supergut fühlen. Meine Oma sagte immer zu mir

„So wie man sich bettet, so liegt man!"

Ich habe leider lange Jahre diese Aussage nicht verstanden, dachte, solch ein blöder Spruch von den alten Menschen. Erst im Laufe meines Lebens habe ich die Sinnhaftigkeit endlich begriffen und wende sie konsequent für mein Leben an.

Das Gute wird vermehrt

Es ist wundervoll, sich mit dem Guten zu befassen und es zu vermehren. Das können wir permanent tun. Je konsequenter wir es machen, desto stärker und glücklicher fühlen wir uns dabei. Du hast bestimmt schon die Aussage gehört, die ich klasse finde, denn sie trifft den Nagel auf den Kopf.

„Da wo schon viel ist - kommt immer noch mehr dazu!"

Ist dir das bekannt, ich denke schon. Es ist ein Traum derart in der Gewissheit zu leben, dass wir noch weitaus mehr Gutes in unser Leben ziehen können.

Schreibe nachfolgend auf, was dir alles guttut

Alles, was dir guttut, schreibst du bitte auf. Wenn ich alles meine, dann meine ich das ausnahmslos. Es tut dir gut und gibt dir unendliche Energie. Es ist wichtig für unseren Lebenszug, eine klare Bilanz zu ziehen. Lege bitte gleich los. Was tut mir sehr gut, ist die erste Frage. Dann wieso ist das so? Zum Schluss die berühmte Abschlussfrage, wie häufig ist das der Fall? Denn was nützt es dir, wenn es ab und zu mal etwas Gutes gibt und ansonsten ist das Gegenteil der Fall.

Was tut mir sehr gut?	Wieso ist das so?	Wie oft?
1.) ______________________	________________	________
2.) ______________________	________________	________
3.) ______________________	________________	________
4.) ______________________	________________	________
5.) ______________________	________________	________
6.) ______________________	________________	________
7.) ______________________	________________	________
8.) ______________________	________________	________
9.) ______________________	________________	________
10. ______________________	________________	________

Wie ist es für dich, wird dir bei dieser Aufgabe etwas bewusst? Wie wichtig es ist, wo du stehst und davon bin ich überzeugt, wie wenig du dir das in dein Leben holst. Leider sind die meisten Menschen mehr auf das Negative konditioniert, anstatt auf das Positive. Das ist dumm, mehr als dumm, zumal unser Leben nicht ewig währt. Das muss dir bewusst und klar sein. Unser Leben unterliegt einem klaren Ende. Das heißt, eines Tages ist es vorbei und wie wundervoll, wenn du es bis dahin hundertprozentig nach deinem Geschmack gelebt hast.

Die gesamte Welt steht dir bildlich offen, das heißt, dein Zug kann überall hinfahren. Da wo es schön ist, kann er sogar ein wenig länger Station machen, bevor er wieder weiterfährt, du suchst die Strecke aus. Nicht jemand anderes, das hoffe ich zumindest. Dir steht alles zur Verfügung. Dein Zug wurde damals auch komplett ausgestattet. Das sage ich aus dem Grunde, weil die meisten oft behaupten, dass dies und jenes noch fehlt. Wenn man alles zusammen hat, wird man loslegen. Vorher geht es leider nicht, aus den bekannten Gründen. Was ist denn das für ein geistiger Schwachsinn? Nun reduziere es bitte auf deine drei stärksten Kraftpunkte.

	Was tut mir sehr gut?	**Wieso ist das so?**	**Wie oft?**
1.)	____________________	________________	________
2.)	____________________	________________	________
3.)	____________________	________________	________

Als ich es damals gemacht habe, war mir urplötzlich klar, dass ich alles lebe. Aber was mir echt guttut, da hatte ich zu wenig Augenmerk drauf. Weißt du, wie schlimm das ist? Dies ist vollkommen bescheuert, so etwas zu tun. Anstatt sich Freude zu bereiten und dies permanent, fügt man sich lieber Schaden zu, in dem man Dinge macht, die unnötig Energie kosten. Darin ist man nicht gut und kann ergo auch keine Meisterleistung vollbringen.

Bei mir sind es die folgenden Eigenschaften, erstens Schreiben, das ist für mich eine wundervolle Passion. Darin kann ich völlig aufgehen, ist für mich das Größte und Höchste der Gefühle. Ich liebe es und es macht mich glücklich zu sehen, wie sich Seite um Seite das Papier füllt. Es ist ein absoluter Traum, der sich da auftut. Dann liebe ich es Seminare und Vorträge zu halten. Ja, ich liebe auch das sehr, vor einem Publikum zu stehen, es zu fesseln und mitzureißen. Das ist wundervoll, und dass ich diese Eigenschaft in mir habe, dafür bin ich unendlich dankbar.

Eine weitere Passion ist für mich das Reisen. Ich liebe es unterwegs zu sein. Städte, Länder zu besuchen, neue Kulturen, essen, unterhalten, und alles was dazu gehört. Wenn es irgendwie machbar ist, informiere ich mich, ob es da ein Seminar oder einen Vortrag gibt, den ich besuchen kann. Oder ob an dem Ort spannende Menschen wohnen, mit denen ich mich treffen kann. Dazu buche ich in der Regel immer noch Wellness.

Das ist mein Leben, darin gehe ich völlig auf. Da kann ich stets Höchstleistung erbringen und was ist es bei dir? Was empfindest du, wenn du das liest? Hast du das auch so vernachlässigt wie ich? Jetzt reduziere es auf deinen stärksten Punkt. Was liebst du über alles. Wenn du dich entscheiden müsstest, aus diesen Drei zu wählen, was würde da bleiben. Was lässt dein Herz frohlocken?

Was tut mir am besten?	**Wieso ist das so?**	**Wie oft?**
1.) ______________________	__________________	_________

Wie fühlst du dich? Ich hoffe genauso wie ich damals, als ich es entdeckt hatte. Ich kam mir vor wie Kolumbus auf Reisen, als er Amerika entdeckte. Weißt du, wie wundervoll das ist, wenn man sich selbst entdeckt? Man endlich den Schlüssel zum eigenen Glück gefunden hat? Dafür bin ich unendlich dankbar und damit lebe ich auch fortan, bis es sich vielleicht eines Tages ändern wird.

Lebe endlich deinen eigenen Lebensstil, es ist das Größte, was wir als Mensch überhaupt schaffen können. Wenn wir unsere Berufung hundertprozentig gefunden haben. Für mich gibt es nichts Gigantischeres. Wenn ich mir überlege, wie viele Menschen sich Tag für Tag quälen. Was gibt das nur für einen Sinn? Was hat man davon, wenn man sich so schwertut? Da sinkt doch die Lebensqualität in den Keller. Das Schlimme daran ist, dass dies oft über Jahre und manchmal sogar Jahrzehnte geht. Da musst du doch krank werden und aus dem System rausfallen. Dann reichen das Wochenende und der Urlaub einfach nicht aus.

Passe daher gut auf dich auf, es ist wahrlich deine Aufgabe es zu tun und nicht die von anderen Menschen. Du trägst immer die Verantwortung für alles, was ist und für all das, was nicht ist. Allein das wunderbare Gefühl zu haben, dass ich es in der Hand habe, macht mich stolz und glücklich. Das Leben ist sensationell, wenn man sich endlich gefunden hat. Es ist grausam und schrecklich, wenn man noch auf der Suche ist, oder sich womöglich schon aufgegeben hat. Gebe dich niemals auf, egal was gerade ist oder noch auf dich zukommt.

Schreibe jetzt bitte auf, was dir alles nicht guttut

Wir haben eben das Positive gemeistert, nun kommen wir zum Negativen, auch damit müssen wir uns befassen. Das ist dringlich, denn wenn wir den Tatsachen nicht ins Auge schauen, können wir es nicht verändern. Es gibt beide Welten, in denen wir uns bewegen. Da ist die äußerst Positive und parallel dazu die Negative. Eines bedingt das andere und die Grenzen sind fließend. Darum ist es wichtig, dass du genau hinschaust. Lege jetzt gleich los und mache ein Meisterwerk.

Was tut mir nicht gut?	Wieso ist das so?	Wie oft?
1.) ______________________	________________	________
2.) ______________________	________________	________

3.) ______________________ ________________ ________

4.) ______________________ ________________ ________

5.) ______________________ ________________ ________

6.) ______________________ ________________ ________

7.) ______________________ ________________ ________

8.) ______________________ ________________ ________

9.) ______________________ ________________ ________

10. ______________________ ________________ ________

Wie war es für dich? Wie ist dein Empfinden? Ist es dir bewusst geworden, was da abläuft? Ich finde es erschreckend, die Mechanismen plötzlich zu verstehen und buchstäblich hinter die Kulissen zu blicken. Das ist verrückt, wenn man sich dem anfängt hinzugeben. Da erkennt man, wie doof man eigentlich ist. Vielleicht fühlst du dich jetzt nicht angesprochen, das ist aber tatsächlich so und es tut dir nicht gut. Wieso tust du dir das an? Das ist die gute Frage, wir machen ja oft Dinge, über die wir uns im Nachhinein nur wundern können. Was sagt der Volksmund treffend

„Dummheit schützt vor Strafe nicht!"

Ist das nicht verrückt? Da tun wir Sachen, die uns massiv schädigen und wundern uns, dass es uns dabei nicht gut geht. Wir gestresst, nervös oder sogar traurig sind? Dies ist doch völlig normal, und aus dieser Normalität gilt es auszubrechen, und den Königsweg zu gehen. Das ist weit aus sinnvoller und darin liegt der berühmte Segen. Nenne ihn den göttlichen oder aber auch den kosmischen Segen.

Du hast es erneut in deiner Hand. Du entscheidest klar, wo die Reise hingeht. Ins buchstäbliche Paradies oder in die Hölle. Der Mensch spricht häufig vom Himmel und der Hölle. Er wähnt das eine oben und das andere unten. Dabei ist beides in uns enthalten. Wir tragen hierfür die Verantwortung, was mehr überwiegt. Sei bitte dankbar, dass du es endlich anschaust, es überblickst und darauf aufbauen kannst. Reduziere es nun auf deine drei stärksten, negativen Punkte.

Was tut mir nicht gut?	**Wieso ist das so?**	**Wie oft?**
1.) ______________________	________________	________
2.) ______________________	________________	________
3.) ______________________	________________	________

Wie ist es jetzt für dich? Als ich es für mich gemacht hatte, viel es mir wie Schuppen von den Augen. Ich wollte es nicht wahrhaben. Auf was hatte ich mich da nur eingelassen? Wieso habe ich solange Dinge getan, die ich gar nicht tun wollte, mich gequält? Darauf wusste ich selbst keine Antwort. So ist der Mensch aber, er tut oft Dinge, die ihn schädigen und er kann es noch nicht einmal erklären warum. Damit ist es bei dir jetzt vorbei, denn du schaust ab sofort genau hinter die Kulissen deines Lebens.

Nachfolgend geht es um das dringliche Thema Ballast abwerfen. Nur wenn ich diesen abwerfe, geht es mir supergut, bin ich frei. Dann komme ich immer stärker in die große Leistungsfähigkeit hinein. Dort fühle ich mich vollends glücklich, zufrieden, dankbar und bin im totalen Flow, in der Leichtigkeit des Seins. Da gibt es das wunderschöne Sprichwort

„Jeder ist seines Glückes Schmied!"

Niemand anderes und wir dürfen uns dabei nie auf die anderen verlassen. Das ist dumm, denn durch das Warten zerstören wir unsere Lebenszeit und -qualität. Reduziere es nachfolgend auf deinen schlimmsten Bereich. Was dir schadet, wo du sofort einen riesigen Energieverlust spürst.

Was tut mir gar nicht gut?	**Wieso ist das so?**	**Wie oft?**
1.) ______________________	________________	________

Jetzt hast du es geschafft, du bist am Ziel angelangt und hast es endlich herauskristallisiert. Wie super ist das? Ein großer Traum und er hilft uns, ab sofort für unser Leben völlig klar zu blicken. Nie mehr in Angst zu leben und zu verharren, zu warten auf die Dinge, die da auf uns zukommen könnten oder nicht. Wir weisen es weit weg von uns. Damit wollen wir ab sofort nichts mehr zu tun haben.

Dein Fazit: ____

KVP als weiteres Modell

Ist eine wundervolle Hilfe, um es noch genauer zu überprüfen, und anzugehen. Je klarer wir hier blicken, desto besser geht es uns. KVP heißt nichts anderes als kontinuierlicher Verbesserungs-Prozess. Das ist wichtig, dass wir in diesem Prozess leben und absolut kontinuierlich überprüfen, was wir ab sofort ändern können und müssen. Stets zum Wohle meiner Selbst und natürlich niemals zum Schaden anderer Menschen. Wenn du anderen Menschen schadest, ist es nicht zu deinem Segen.

Das Negative lässt du bitte weg

Wir haben es jetzt herausgefiltert und somit verabschieden wir uns für alle Zeiten davon. Das geht rasch, selbstverständlich können wir nicht immer alles gleich so wandeln, wie wir es uns vorstellen. Manches dauert ein wenig länger. Vor allem dann, wenn wir mitten drin sind. Nehmen wir als Beispiel deinen Beruf, der macht dir überhaupt keinen Spaß, da kannst du das nicht sofort über Bord werfen. Zuerst musst du einen anderen Job finden, bis du endlich in den absoluten Wohlfühlbereich hineinkommst. Aber du bist ja auf dem Weg und dies ist doch entscheidend.

Wie mache ich es mit dem KVP System

Eine schnelle Erfassung und Analyse. Bei allem, was du tust, gehe danach unverzüglich ins KVP, welches wie folgt ausschaut. Du fragst dich immer sofort, wie war es? Dann gehe gleich eine Stufe weiter rein.

- War es miserabel?
- War es gut?
- War es sehr gut?
- War es outstanding?

Das sind die vier Fragen, die du dir bei allem, was du tust, immer sofort stellen musst. Denn dadurch erhältst du über das Geschehen einen Überblick.

War es miserabel
Wenn es miserabel war, frage dich sofort, wie es dazu gekommen ist? Was hat alles dazu beigetragen, um ein Miserabel zu erzielen? Die Frage, die sich dann stellt, wie machst du aus dem Miserabel ein Gut? Du kannst nicht von miserabel sofort hoch auf sehr gut oder sogar outstanding.

War es gut
Was hat dazu geführt, dass es gut ist und nicht miserabel? Was fehlt noch, um aus dem gut ein sehr gut zu machen? Oft sind es nur banale Dinge, die der Veränderung bedürfen und dann funktioniert es wunderbar.

Was war sehr gut
Das ist schon ein erhabenes und schönes Gefühl, wenn man ein sehr gut ernten kann. Ich liebe es total, mich im oberen Segment zu bewegen. Das ist echt traumhaft und wundervoll, dies erreicht zu haben. Auch da frage dich bitte sofort, wieso es nicht ein gut ist, sondern ein sehr gut. Was hat dazu geführt und wieso ist es noch kein outstanding?

Was war outstanding
Outstanding oder auf gut Deutsch herausragend, was hat dazu geführt, dass es herausragend ist? Was hast du umgesetzt, um dahin zu gelangen? Hier besteht jetzt die hohe Kunst, es permanent auf diesem Level zu halten. Das ist manchmal nicht so leicht, darauf zu achten, dass es nicht mehr abrutscht.

Mache es immer so

Das möchte ich dir ans Herz legen, mache es stets so. Dir geht es dadurch weitaus besser und du hast einen klaren Überblick über das Geschehen. Das brauchst du, damit es funktioniert, du dich permanent verbessern kannst und auf deiner Ideallinie bewegst. Denn wenn es besser geht, ist man ja verrückt, wenn man es nicht macht. Darauf musst du achten, dass du es entsprechend weiterentwickelst.

Am Anfang mag es komisch sein

Im Laufe der Zeit gewöhnst du dich daran und möchtest innerhalb kürzester Zeit nie wieder darauf verzichten. Alles braucht eben seine Zeit. Wenn es soweit ist, hast du es tatsächlich gepackt. Ich finde es wunderschön und genial, wenn man die Systeme anfängt zu begreifen und endlich zu leben, dies ist wirklich sensationell. Für mich ist es immer die Krönung, wenn ich es endlich verstanden habe und ins Umsetzen komme. Dann kann ich es intensiv weiter ausbauen.

Bleibe bitte dran

Die meisten Menschen hätten gerne in ihrem Leben eine Veränderung. Du versuchst es, probierst es und genauso schnell gibst du wieder auf. Weil es nichts bringt, du keinen Erfolg hast. Das ist normal, denn nichts wächst von allein in den Himmel hoch. Es ist alles ein Prozess, und dieser dauert. Mache es dir zur Gewohnheit, je mehr du das tust, desto selbstverständlicher wird es.

Denke nur an deinen Führerschein. Wie waren die ersten Stunden und dann noch die Fragebogen? Bei mir war es das Chaos hoch zwei, ich war damals zu doof dazu. Dem stand jedoch im Wege, dass ich es unbedingt wollte. Was man will, schafft man auch. Genau das war mein Weg und dieser Weg ist bis zum heutigen Tag geblieben. Wie heißt es passend

„Wer will, der kann!"

Das ist doch super, ja, wenn du wirklich willst, fest daran glaubst kannst du es auf jeden Fall erreichen. Dann kannst du weitaus mehr, als was du bisher in deinem gesamten Leben geleistet hast, du wächst weit über dich hinaus. Du musst buchstäblich dazu bereit sein, dadurch öffnen sich dir Tür und Tor, und du marschierst einfach da durch. Was für ein erhabenes und glücklich machendes Gefühl, dich beseelt.

Dein Fazit: ____

Die Erfolgsformel für deinen Zug

Es gibt auch hier wiederum eine einfache Erfolgsformel, die dir hilft zügig voranzukommen, und vor allem den Überblick zu behalten. Ohne diesen gehst du über kurz oder lang baden. Ich liebe es mit Erfolgsformeln zu arbeiten, das hilft mir ungemein. Das ist der wichtige Faktor, dass wir immer alles zügig erledigen können. Dann auch noch mit einem Blick alles im Griff haben. Dies ist dringlich, denn nur dadurch schafft man Geschichte.

Zuerst müssen wir wissen, wohin die Reise gehen soll

Das ist letztlich das Allerwichtigste in unserem Leben, wenn wir nicht wissen, wohin die Reise geht, haben wir bereits verloren, bevor es überhaupt losgeht. Darum lassen wir uns auf das Spiel niemals ein. Wir müssen immer exakt wissen, wohin es geht. Hier gibt es eine weitere simple Formel, die wir unbedingt kennen und einhalten müssen. Diese lautet, Ziele müssen

- Klar
- Konkret
- Messbar
- Unmissverständlich

sein. So muss die Formel lauten und nur dann schaffen wir es mit entsprechender Bravour das Ganze zu meistern. Eigentlich ist es leicht, wenn wir uns aber nicht daranhalten, haben wir ein Problem und kommen niemals an unserem Ziel an. Schauen wir uns das Ganze anhand einer Reise an.

Zuerst muss klar sein, wo die Reise hingehen soll. In die Berge, ans Meer, aufs Land, In- oder sogar Ausland? Das sind die grundsätzlichen Parameter. Damit kann ich supergut agieren. Die nächste Frage ist, wie komme ich dahin? Per Auto, Fahrrad, Zug, Bus, Flieger, Schiff, Pferdekutsche und so weiter. Du siehst, es gibt etliches zu beachten. Die nächste Frage, die folgt, wo werden wir da wohnen? In einem Privatzimmer, im Hotel, wenn ja mit wie vielen Sternen. Oder schlafen wir in einer Pension, in einer Berghütte, einem Zelt, Wohnwagen, auf dem Schiff? Zig Möglichkeiten unser Haupt niederzulassen.

Werden wir dort Frühstück bekommen, oder sind wir Selbstversorger. Ist das Abendessen dabei, wenn ja von wann bis wann ist Essenszeit? Wie viele Gänge gibt es, ist ein Salatbüffet dabei? Gibt es nachmittags Café und Kuchen zur Teetime? Gibt es einen Mittagstisch, oder vielleicht sogar Vollpension? Wenn nein, wo kann man in der Nähe Frühstücken, Mittag- oder Abendessen?

Was kann man alles in der Umgebung unternehmen, welche Sehenswürdigkeiten gibt es? Liebt man es am Strand zu liegen oder braucht man Aktion. Sind alle Familienmitglieder damit einverstanden? Dauer der Reise und Anreise?

Wie du siehst, viele Fragen, die sich da auftun und alle sind letztlich von Wichtigkeit. Je besser du es weißt, desto schöner wird es. Darum ist die Frage nach der Zielsetzung die wichtigste, die man sich als Mensch stellen kann und muss. Ich liebe es mir diese Fragen zu stellen, bis ins kleinste Detail hinein.

Je klarer, je konkreter desto besser und umso ruhiger wird und ist das Leben. Dann muss es unbedingt messbar sein. Wenn ich es nicht messen kann, wie kann ich es da überprüfen? Es ist leider das, was viele Menschen vergessen. Dies ist sehr dumm und töricht, derart durch die Welt zu marschieren. Zum Schluss muss es für die Beteiligten noch unmissverständlich sein. Das heißt, du musst in dem Falle vor der Reisebuchung, genau wissen, wo diese hingeht. Was es alles beinhaltet, was du dir wünschst und danach kommunizierst du es mit den Leistungsträgern, damit du es genauso vorfindest. Dazu dient die klare Bestätigung und hier solltest du wirklich genau hinschauen, dass alles enthalten ist.

Wenn du alles im Vorfeld erledigt hast, kommt die Planung

Mache diese exakt, dass es passt. Viele Menschen verheddern sich bei der Planung und sind erstaunt, wenn dabei nur Müll rauskommt. Das hört sich jetzt womöglich etwas schrecklich an. So ist es aber und darauf kann ich liebend gerne verzichten. Ich liebe es absolut in Frieden und Ruhe zu planen, in der Gewissheit der alten Volksweisheit

„Gut geplant ist halb gewonnen!"

Ist das nicht ein Traum, wer gut plant, hat es nachher leichter. Also wieso sollte man sich das nicht gönnen? Man wäre ein Narr, würde man die Planung außer Acht lassen. Denn alles, was man jetzt verhaut, damit hat man später Stress.

Du planst genau, wann und wie du an deinen Urlaubsort kommst. Entweder hat es das Reisebüro für dich erledigt, oder du gehst es selbst an. Die gesamten Zeiten der Reise sind bereits klar eingetütet, du überlässt nichts dem Zufall. Der Transfer zum Airport wird organisiert, wann du packst und wer dir dabei eventuell unter die Arme greift.

Nach der Planung folgt das Tun

Das berühmte Machen und Tun, ohne dies funktioniert es nicht und man ist ja blöd, würde man bei der Planung verharren. Nein, natürlich nicht, so doof ist man ja nicht, denn das machen doch die meisten Menschen auf dieser Erde. Die plempern lieber rum und verhaspeln sich bei der Planung. Hier trifft Folgendes zu

„Sie kamen über die Planungsphase nie hinaus!"

Das ist dumm und darauf darfst du dich bitte niemals einlassen.

Es muss vom Ziel bis zur Planung, das Tun immer zügig vorangehen. Denn wer nicht anfängt, hat im Vorfeld bereits verloren und als Verlierer durch die Welt zu marschieren, ist weder lustig noch amüsant.

Wenn der Tag gekommen ist, musst du aufstehen, machst dich bereit und dann auf den Weg. Denn du willst ja verreisen und dazu ist Einiges erforderlich. Da du im Vorfeld bereits alles durchgegangen bist, funktioniert es auch.

Nachdem du angefangen hast, kommt die Kontrolle

Das ist der nächste böse Fallstrick, wo es viele Leute hinhaut. Du willst, du setzt alles dran und dann vergisst du tatsächlich zu kontrollieren. Wenn man aber nicht kontrolliert, weiß man auch nicht, ob man auf dem richtigen Weg ist. Das ist nicht lustig, ich liebe es auch anzukommen. Nehmen wir zum Beispiel nochmals unsere Reise. Wir fliegen nach Mallorca und damit haben wir im Vorfeld bereits alles geplant. Wir wissen genau, wann der Flieger geht und dass wir vom Airport vor Ort abgeholt werden. Der Transfer in Deutschland zum Flughafen ist auch organisiert.

Dann werden wir mit Sicherheit, abends vorher nochmals das Gepäck checken. Ob wir alles eingepackt haben, die Papiere stimmen, das Bargeld, welches wir mitnehmen. Wir checken nochmals die Abfahrzeiten, wann wir am Airport sein müssen und so weiter. Während der Hinfahrt gehen wir permanent in die Überprüfung, dass ja nichts passieren kann. Denn das wäre ärgerlich, den Flug zu verpassen, nur weil wir nicht aufgepasst haben.

Hier nochmals die Formel im Einzelnen

Ich schreibe sie dir erneut hin, dadurch kannst du diese ab sofort im Schnelldurchgang checken und genau danach vorgehen. Das erspart dir viel Zeit, Ärger, Frust, und bringt zugleich ein neues, supergutes Lebensgefühl.

Z steht für Ziele
P steht für Plan
T steht für Tun
K steht für Kontrolle

Die ZPTK-Formel ist wirklich simpel, einfacher geht es nicht. Man muss es sich nur verinnerlichen und dann tun. Das ist leider der Punkt, an dem die meisten scheitern. Sie vergessen anzufangen, und wer nicht anfängt, hat bereits im Vorfeld verloren.

Bleibe immer und stets integer

Wenn du das nicht bleibst, hast du tatsächlich keine Chance. Ohne Chance durchs Leben zu gehen, ich möchte das auf keinen Fall. Für mich ist es zu wichtig, dass die Dinge funktionieren, wenn ich mir ein Ziel gesetzt habe. Wenn ich in mir den großen Wunsch verspüre, tue ich es einfach. Dann klemme ich mich dahinter und lasse nicht mehr locker, bis ich es habe. Das wünsche ich mir auch für dich. Denn dein Leben gewinnt dadurch an Qualität und die ist in der Tat durch nichts anderes zu ersetzen.

Dein Fazit: ____

Habe ein starkes Durchhaltevermögen

Das möchte ich dir fest ans Herz legen, denn ohne starkes Durchhaltevermögen hast du keine Chance, voranzukommen. Das ist wie ein Zug, der aus dem Bahnhof rausfährt, um auf offener Strecke stehen zu bleiben, womöglich noch rückwärts fährt. Kommt dir das bekannt vor? Das ist nicht gut, dies musst du auf alle Fälle vermeiden. Wenn du losgefahren bist, gibt es kein zurück. Das wird unter allen Umständen vermieden. Denn sonst verlierst du, verlierst an Power, Kraft und Lebensfreude. Kannst du dir das tatsächlich leisten?

Wenn der Zug rollt, müssen wir ihn rollen lassen

Dies ist das Grundsätzliche, sonst kommt es permanent zu Unterbrüchen und diese sind fatal. Nehmen wir den ICE, das ist ja eine Powermaschine an Zug. Da steckt Kraft dahinter, wenn man diesem Zug einen Holzkeil vor die Räder legt, kommt er nicht mehr vom Fleck. Ist der Zug jedoch auf offener Strecke in Fahrt, kann ihn nichts mehr aufhalten. Genauso musst du für dich das Bild mit aufnehmen. Mache es und bleibe stets in Fahrt. Dadurch verändert sich vieles bei dir.

Was ist im Wort Durchhaltevermögen enthalten

Ich liebe die deutsche Sprache, sie ist so großartig und aussagekräftig. Wenn wir lernen ein wenig genauer hinzuhören, erhalten wir wundervolle Botschaften. Schauen wir es uns an.

„Durch - halte - vermögen"

Was nichts anderes heißt als, du musst da durchgehen. Durch diesen Engpass, dieses Nadelöhr. Du musst es aushalten alles, was auf dich zukommt. Halte es immer aus, denn du weißt eines, es kommt der Tag, wo es vorbei ist. Am Ende deines Durchhaltevermögens landest du beim Vermögen.

Vermögen an Wissen und Können

Das ist dabei die spannende Geschichte, nur wenn du da durchgehst, schaffst du es. Dann gelangst du zu Vermögen, wie noch nie zuvor in deinem Leben. Zuerst steigert sich enorm dein Wissen und danach folgt das Können. Ist das nicht ein Traum, der sich dir hier auftut? Ich liebe es, es ist wundervoll. Achte deshalb permanent darauf, dass du dein Wissen steigerst. Denn je mehr du weißt, desto mehr kannst du anderen Menschen helfen. Je mehr du anderen Menschen hilfst, desto besser geht es dir. Es kommt alles auf dich zurück, das ist das Gigantische daran.

Das Leben besteht aus Prüfungen, bis an unser Ende

Denk bitte darüber nach, wir erhalten fortlaufend neue Prüfungen, die wir bestehen müssen. Das ist manchmal nicht leicht. Oft sind wir nahe dran, die Flinte ins Korn zu werfen und alles sein zu lassen. Das ist das Dümmste, was man als Mensch machen kann. Wenn man erstmals seine Ziele fixiert hat, bleibt man auch konsequent dran. Da hört man nie mehr in seinen Bemühungen auf. Bestehe bitte die Prüfung immer, gib niemals auf. Denn wer aufgibt, hat verloren.

Oft ist es nur noch ein kleiner Weg

Kennst du das, manchmal ist es nur noch ein Hauch, und du weißt es nicht. Wie fatal ist das, wenn man vorher aufgibt? Du stehst kurz vor deinem Ziel, weißt es nicht, gibst auf und das war es dann. Alles aus und vorbei, dabei hättest du womöglich nur noch einen Schritt gehen müssen und schon hättest du es gepackt. Wie traumhaft ist dies? Ich liebe es und in der Tat sind Herausforderungen da, uns zu stärken. Wir brauchen das, und erst wenn wir die Prüfung bestanden haben, geht es für uns weiter.

Viele haben kein Durchhaltevermögen und dadurch keinen Erfolg

Ich finde das tragisch, dies darf nicht sein, so dürfen wir wirklich nicht durchs Leben gehen. Halte bitte immer sofort voll dagegen, und wenn deine innere Stimme zu dir sagt „Komm, das gibt doch alles keinen Sinn mehr“ dann sage „Doch wir ziehen es durch. Wir machen weiter, bis wir unser Ziel erreicht haben!“ Wenn du diesen Satz laut liest, merkst du einen Unterschied in der Energie? Da ist unendliche Kraft und Power enthalten, dass es endlich weiter geht. Das Gefühl, welches dann entsteht, eines Tages deine Ziele erreicht zu haben, ist wahrlich übermächtig und durch nichts zu ersetzen.

Es gibt keinen gradlinigen und einfachen Weg

Wer das behauptet lügt, es gibt immer wieder Spezialisten, die sagen, dass alles easy ist. Das stimmt überhaupt nicht. Es ist komplex, oft verstrickt und es braucht riesige Energie, um da raus zu kommen. Solange du jedoch permanent dein Ziel vor Augen hast, brauchst du keine Angst zu haben. Du weißt, dass es wundervoll funktioniert. Du spürst es förmlich in dir, welch ein Traum sich dadurch offenbart. Die Wege sind oft seltsam und verworren, du hast aber dein Ziel vor Augen, und damit den berühmten Autopiloten eingeschaltet, der dich sicher von A nach B bringt.

Das Paradies ist so nahe, nur sehen wir es nicht

Diese Aussage finde ich wundervoll, denn sie trifft genau den Nagel auf den Kopf. Es sind immer nur noch wenige Schritte, bis wir es geschafft haben. Aber wie lange dieser Weg dauert, wissen wir natürlich nicht. Das haben wir leider nicht im Griff. Solange wir jedoch laufen, tut sich was und wir sind in Bewegung. Das ist der entscheidende Faktor, auf den es ankommt. Nicht träumen, sondern laufen, laufen, laufen und nochmals laufen. Wenn sich uns Hindernisse in den Weg stellen, überwinden wir diese ganz einfach. Oder wir gehen drum herum, wie es treffend heißt.

Schreibe jetzt dein Durchhaltevermögen auf

Auch hier gehen wir bitte wieder in medias res, wie die Lateiner sagen. Wir gehen in die Mitte, zentrieren uns und bewegen etwas. Denn ohne, dass wir etwas bewegen, tut sich nichts. Konzentration auf das Wesentliche und das sind wir in dem Fall. Nur wir allein und darauf freuen wir uns riesig. Denn je weiter wir kommen, desto stärker macht es uns. Lass es uns jetzt mit den Momenten verbinden, wo du ein eisernes Durchhaltevermögen an den Tag gelegt hast. Schreibe nun dein Durchhaltevermögen auf, wieso das so war, das heißt, wieso du es gemacht hast und welches Ergebnis du erzielt hast. Das ist wichtig, dass wir den Grund erkennen, wieso wir etwas getan haben und welches Resultat daraus entspringt.

Mein Durchhaltevermögen?	Wieso?	Ergebnis?
1.) ______	______	______
2.) ______	______	______
3.) ______	______	______
4.) ______	______	______
5.) ______	______	______
6.) ______	______	______
7.) ______	______	______
8.) ______	______	______
9.) ______	______	______

10. ______________________ ________________ ________

Wie fühlt es sich für dich an? Ist das nicht ein absoluter Traum? Es ist sensationell, welch eine wundervolle Welt sich gerade auftut. Genau das brauchen wir, die klare Erkenntnis, wieso manche Dinge so sind, wie sie sind. Wie es dazu kam, denn wenn wir den Mechanismus verstehen, verstehen wir alles. Da verstehen wir auch unser Leben und das ist wichtig. Denn wir haben uns tatsächlich nur ein einziges Mal. Da wollen wir doch bitte schön eine riesengroße Meisterleistung an den Tag legen. Meinst du nicht auch? Da sollten wir uns niemals mit Geringerem, als dem großen Erfolg zufriedengeben.

Ich sehe das als absolut sportliche Herausforderung, und im Wort Herausforderung ist die Forderung enthalten. Die Forderung an das Leben und damit im Umkehrschluss an uns selbst. Nur wenn wir fordern was wir brauchen, wir uns selbst fordern, funktionieren die Dinge und dir geht es supergut. Du spürst fortan ein Glücksgefühl in dir, wie noch nie zuvor. Du bist es Wert, das ist für mich wichtig, dass du dies auch voll und ganz erkennst. Ja, du bist es mehr als Wert, dass du es schaffst.

In dir steckt alles drin, was du zum Leben brauchst. Nutze es mit einer großen Begeisterung. Höre nie wieder auf dran zu bleiben. Es kommt in der Tat nur derjenige zu Vermögen, der dranbleibt. Alle Vermögenden auf dieser Erde haben es tief in sich verankert. Dadurch schaffst du es auch, wenn du es wirklich willst und das zeigt es ja bereits auf, dass du immer noch am Lesen bist und die gestellten Aufgaben erfüllst. Nachfolgend reduziere es auf deine drei stärksten Punkte. Wo warst du taff unterwegs?

Mein Durchhaltevermögen?	**Wieso?**	**Ergebnis?**
1.) ______________________	________________	________

2.) ______________________ ________________ ________

3.) ______________________ ________________ ________

Bravo und wieder ein Stück weiter. So machst du es und eines Tages bist du angekommen und kannst dich riesig darüber freuen. Du hast jetzt deine Gefühle wieder entdeckt, halte sie bitte gleich fest und verankere sie ganz stark. Dadurch kannst du dieses Gefühl jederzeit wieder hervorholen. Es liegt ein wunderbarer Automatismus in unserem Leben. Wenn wir ihn bewusst leben, haben wir gewonnen. Bewusst die Dinge zu tun, die zu tun sind, das ist die wichtige Ausgangsbasis. Nicht nur ein wenig probieren, sondern aktiv an der Gestaltung mitwirken.

Der Mensch läuft so wieso die meiste Zeit auf Automatismus. Er funktioniert und ist oft erstaunt, wenn die Ergebnisse nicht so sind, wie er es sich vorgestellt hat. Das ist aber völlig normal. Wie soll es denn auch gehen, wir müssen immer die Kontrolle haben. Deswegen sitzt im Zug der Lokführer und passt auf, dass alles stimmt. Er hat den gesamten Zug im Griff, er achtet auf die Strecke. Auf die Gleise, dass da ja nichts drauf liegt. Er kontrolliert die Lichtsignale und vieles mehr. Deswegen läuft es, und wenn es einmal zu einer Störung kommt, da wird diese behoben und weiter geht die Fahrt. Reduziere es nun auf dein stärkstes Durchhaltevermögen, was du jemals hattest.

Mein Durchhaltevermögen? Wieso? Ergebnis?

1.) ______________________ ________________ ________

Wie geht es dir? Ich hoffe sehr gut, und dass du dich dabei super fühlst. Du solltest innehalten und das Gefühl nochmals voll auskosten. Verankere es tief und denke daran, dass du dir genau dieses Gefühl wieder holst. Du es permanent tust, mit allem, was du neu anfängst. Dass du dich nie mehr beirren und aufhalten lässt. So kannst du sicher sein, dass du einen gigantischen Erfolg mit deinem Lebenszug hast.

Die schwierigsten Prüfungen sind oft die, wenn es um uns nahestehende Menschen geht. Das bringt uns manchmal beinahe an den Rand des Wahnsinns. Das ist fast der pure Horror, denn da spielen die Emotionen eine riesige Rolle. Du lässt dich davon aber nicht aufhalten. Denke daran, es gibt für alles eine Lösung und dadurch wirst du auch das Emotionale und die damit verbundenen Probleme beheben. Das ist die Devise, es muss immer zum Wohle aller ablaufen, dann funktioniert es optimal. Ich wünsche dir von Herzen, dass du ab heute nur noch ein riesiges Durchhaltevermögen an den Tag legst.

Dein Fazit: ____

Sei nicht traurig, wenn Leute aussteigen

Das ist in der Tat das Schlimmste, was du machen kannst. Niemals nachtrauern, ich weiß das hört sich jetzt alles easy an, ist es aber in letzter Konsequenz nicht. Es ist nicht schlimm, wichtig ist, dass du cool bleibst. Denn je mehr du das bist, desto ruhiger und gelassener kann dein Zug fahren. Das Schlimmste dabei ist, wenn der Zug im Bahnhof vor lauter Trauer stehen bleibt und es nicht weiter geht. So weit darfst du es nie kommen lassen. Der Zug muss rollen und dies am besten Tag und Nacht.

Es ist normal, dass Leute aussteigen

Das ist eine Größenordnung, auf die es zu achten gilt. Es gibt in unserem Leben nun einmal Gesetzmäßigkeiten, wenn wir uns an diese halten, geht es uns spitzenmäßig. Wenn wir jedoch dagegen verstoßen, haben wir ein großes Problem. Also passe ab sofort auf dich auf. Hüte dich davor, wenn jemand aussteigt, unverzüglich in Trauer zu verfallen. Wenn du dies tust, schwächst du dich. Genau das wollen wir aber auf gar keinen Fall. Wir müssen darauf achten, dass es im Fluss bleibt.

„Stillstand des Zuges bedeutet immer Rückstand!"

Das geht nicht, dies ist ein Ding der Unmöglichkeit. Damit wollen wir uns nie wieder aufhalten. Nochmals, es muss rollen und dann sind wir gesund und alles ist im Lot. Wir wollen keinen Stress damit haben.

Viele Menschen leiden, weil sie es nicht verstehen

Ist das nicht der Hammer, die Menschen leiden, weil sie nicht vorankommen. Sich selbst immer wieder im Wege stehen. Ich habe für mich entschieden, nie mehr zu leiden. Es gelingt mir nicht immer, das ist klar, aber immer öfters, darauf bin ich sehr stolz. Es gibt im Leben Momente, die einem ein wenig oder sogar total aus der Bahn werfen. Das ist nicht gut, macht das Ganze unrund. Wichtig ist jedoch, dass man es akzeptiert. Nur wenn man dies tut, kann man gewinnen und das gesamte Potential nutzen.

Der Verlust ist immens

Selbstverständlich ist es komisch, wenn uns jemand über eine lange Strecke begleitet hat. Das ist völlig normal, aber der Zug muss weiterfahren. Er darf und soll auch nicht im Bahnhof stehen bleiben. Das ist nicht optimal, wenn das passiert. Also tun wir alles dagegen oder dafür, dass wir wieder in den berühmten Wohlfühlbereich hineinkommen. Denn da geht es uns gut, fühlen wir uns zu Hause, ist genau das, was wir letztlich brauchen. Je nachdem wer es war, da dauert es ein wenig länger. Schauen wir uns einige Sequenzen davon an.

- Elternteil stirbt
- Partner geht fremd
- Geliebtes Tier stirbt
- Freunde trennen sich

Elternteil stirbt

Das ist eine heftige Nummer, tut nicht gut, und die Trauer ist oft unermesslich. Obwohl ich da manchmal erstaunt bin, wie etliche darüber hinweggehen, als ob nichts geschehen wäre. Mich hat es damals sehr getroffen, als mein Vater mit 96 Jahren ausgestiegen ist. Es war komisch und hat unendlich wehgetan. Ich habe mir danach helfen lassen, es gibt wunderbare Menschen, die das meisterlich beherrschen. Dass man sich lösen kann, denn solange man drinhängt, ist es furchtbar. Wenn wir aber ehrlich sind, es ist der Lauf der Zeit, welcher dazu führt, dass Eltern in der Regel vor uns gehen. Das ist nicht schön, aber wir können daran nichts ändern.

Das Einzige, was wir tun können, ist zeitlebens darauf zu achten, dass wir ein gutes Verhältnis zu ihnen haben. Auch wenn es nicht immer leicht ist. Der Abnabelungsprozess muss aber stattfinden, damit Ruhe einkehrt. Denn nur du gehörst ins Führerhaus der Lokomotive deines Zuges. Wenn ein Elternteil von dir aussteigt, sei dankbar, sehr dankbar sogar, für die Zeit, wo er oder sie mitgefahren ist. Danach fängt der wichtige Prozess des Loslassens an. Damit tun die meisten sich oft schwer, denn wir lassen überhaupt nicht gerne los.

Partner geht fremd

Das ist schmerzhaft, was da vonstattengeht. Da lebst du in der Gemeinschaft, denkst, alles ist in Ordnung und plötzlich darfst du feststellen, dass dem nicht so ist. Dass die Welt völlig aus den Fugen geraten ist. Nichts, aber auch nichts mehr stimmt. Dir wird förmlich der Boden unter den Füßen weggezogen. Respektive du hast es auch schon erleben dürfen. Wenn nein, kannst du dankbar sein, oder du weißt es nur noch nicht. Ich weiß, das mag jetzt ein wenig frech sein, ich habe da schon die tollsten Dinge erlebt.

Man denkt, alles ist in Butter und dabei ist es anders. Das kann einem sehr wehtun, wenn man das von jetzt auf nachher feststellen darf. Zu dem Thema habe ich ein Buch geschrieben „Der unendliche Schmerz der Verlassenen." Ich muss tatsächlich schmunzeln, wenn jemand behauptet „Mein Mann, meine Frau würde so etwas nie machen!" Da kann ich dazu nur sagen „Wie kann man nur so naiv sein." Das geht schneller als du denkst. Es wird doch permanent am anderen, das heißt, an unserem Partner rumgebaggert. Wenn dieser dann einen kleinen oder auch größeren, schwachen Moment hat, bist du außen vor. So schnell kannst du nicht schauen, wie das vonstattengeht.

Geliebtes Tier stirbt

Ich kann bis jetzt bei allen Dreien mitreden, was das bedeutet und wie es einem da geht. Man überlegt, ob man vielleicht noch etwas besser hätte machen können. Zweifel kommen hoch, das nützt aber alles nichts. Denn das bringt den geliebten Schatz nicht mehr zurück. Tot ist tot, das ist leider ein unumstößliches Gesetz, da gibt es kein Entrinnen.

Auch da werden wir die hohe Kunst des Loslassens üben müssen. Je schneller wir das können, desto leichter ist es. Ein völlig frei sein für alles, das liebe Tier hat uns verlassen. Womöglich haben wir die Entscheidung getroffen. Das ist dann besonders schmerzhaft und schlimm, es ist letztlich sogar eine Katastrophe. Man spielt Cäsar und entscheidet über Leben und Tod. Das kann einem unter Umständen noch sehr lange verfolgen. Auch darüber habe ich ein Buch geschrieben „Bist du ein Mörder - Ich habe mein Tier einschläfern lassen!"

Freunde trennen sich

Das passiert öfters, dass der berühmte Zeitwert abgelaufen ist. Das heißt, man hat sich nichts mehr zu sagen, auseinandergelebt, die Chemie stimmt nicht mehr. Trotzdem tut es weh, weil man etliche Jahre zusammen war. Durch dick und dünn gegangen ist, viel Spaß hatte und plötzlich soll alles anders sein? Vielleicht hast auch du dich weiter entwickelt. Ich habe das ein paar Mal erlebt. Es hat nicht mehr gepasst, die Entwicklung war eine andere, ich permanent auf Fort- und Weiterbildung. Selbstreflektion und die Freunde sind stehen geblieben. Plötzlich war die Diskrepanz riesig. Da ist es Zeit zu gehen, einen Schlussstrich zu ziehen.

Wieso an alten Zöpfen festhalten, wenn es anfängt zur Qual zu werden? Was vorbei ist, ist vorbei. Das Schöne daran ist, es gibt neue Freunde, die in den Zug einsteigen. Freunde, die uns guttun, uns inspirieren und beflügeln. Wieso sollten wir da an Altem festhalten? Auch das kenne ich aus eigener Erfahrung. Die Befreiung, die daraus entsteht, ist wundervoll.

Wer hat dich schon verlassen oder du ihn

Schauen wir uns jetzt an, wer dich verlassen hat oder wen du verlassen hast. Das ist spannend sich mit dieser Aufzeichnung zu befassen. Für mich ist es faszinierend zu sehen, was sich dadurch tut, wenn man es genau analysiert. Auch da geht es um den Prozess der Bewusstseinswerdung. Je bewusster uns die Dinge sind, desto klarer und besser können wir damit umgehen. Es sensibilisiert uns für das Große und Ganze. Darum liebe ich solche Prozesse. Sie machen frei und unabhängig, das ist genau die Stufe, welche wir unbedingt erreichen müssen. Wenn wir es nicht schaffen, haben wir ein Problem. Dann wird jeder Ausstieg, sofort zu einem gigantischen und schmerzhaften Prozess.

Das darf es niemals werden, es muss immer eine Erleichterung sein. Ich weiß, das hört sich jetzt nicht gerade optimal an. Denk jedoch kurz darüber nach, was daraus entstanden ist. Natürlich ist es wichtig, dass ich wirklich den anderen gehen lasse. Ich spreche nicht nur von den Lebenden, sondern auch von den Toten. Das hast du bestimmt schon gehört, dass man die Toten in Ruhe lassen muss, damit sie ihren Frieden finden. Ich weiß, das gelingt nicht über Nacht, wenn du aber dranbleibst, wächst du da rein. Schreibe nun deine Verluste auf, wieso, und wie schmerzhaft es war. Auch wenn du das womöglich nicht möchtest, tue es bitte trotzdem.

Jetzt geht es erneut ans Eingemachte

Wieder wollen wir es genau wissen. Welchen Verlust hast du erlitten, wieso war das der Fall und wie stark war dein Schmerz? Es gibt ja auch positive Verluste und dabei geht es einem richtig gut. So war es damals bei mir, als meine Exfrau weg war. Bis es so weit war, hatte ich gedacht, es nicht zu überleben. Es war für mich nahezu ein Ding der Unmöglichkeit, dass es so weit kommt. Ich fühlte mich bei dem Gedanken, nicht gut. Als der Tag der Scheidung nahte, war es eine riesige Befreiung. Halte bitte alle Punkte fest. Wie es für dich war und ruhig auch im Hinblick, wie es in Zukunft sein könnte. Denn das Spiel wird definitiv so weiter gehen. Ich muss dabei immer schmunzeln, wenn mir Leute sagen, dass sie es gepackt hätten. Das hast du definitiv erst, wenn du eines Tages die Augen für immer zu machst. Dann hast du es hier auf Erden gepackt. Vorher bestimmt nicht, da kommen permanent neue Aufgaben auf uns zu, die zu lösen sind. Wenn nicht, haben sie die Tendenz stärker zurückzukommen. Bis sie letztlich derart massiv sind, dass wir es kaum aushalten. Viel Spaß beim Ausfüllen, lasse es dir gut gehen dabei.

	Mein Verlust?	Wieso?	Schmerz?
1.)	____________	____________	________
2.)	____________	____________	________
3.)	____________	____________	________
4.)	____________	____________	________
5.)	____________	____________	________
6.)	____________	____________	________
7.)	____________	____________	________
8.)	____________	____________	________
9.)	____________	____________	________
10.	____________	____________	________

Wie ist es, musstest du vielleicht dabei sogar weinen? Das kann leicht passieren, aber das ist nicht schlimm. Weinen befreit und gibt ein völlig neues Gefühl. Viele Menschen schämen sich für ihre Tränen, das solltest du niemals tun. Wenn dir zum Weinen zumute ist, tue es. Weinen ist die größte Befreiung. Vielleicht bist du aber auch richtig froh, dass es so gekommen ist. Wie bei mir, allein die Vorstellung nie mehr mit diesem Menschen zusammen sein zu müssen, war solch ein Segen. Es war gigantisch und man fragt sich, wieso man den Schritt nicht bereits eher gewagt hat. Aber es gibt keinen Sinn zurückzuschauen.

Es ist besser wir schauen nach vorne, denn dort spielt ja bekanntlich die Musik. Du würdest doch niemals mit dem Auto über einen längeren Zeitraum rückwärtsfahren? Du fährst nach vorne und wirfst nur ab und an einen Blick in den Rückspiegel, um zu sehen, was sich da hinten gerade abspielt. Sonst fährst du doch strikt nach vorne, auf dein Ziel zu. In der Gewissheit, wenn du konsequent weiterfährst, deine Ziele auch erreichst. Von Zeit zu Zeit mache einfach eine Rückschau, dann geht es aber sofort wieder nach vorne.

Denn das Leben lebt sich im Hier und Jetzt und nicht in der Vergangenheit, dies vergessen die meisten Menschen. Sie glauben in der Vergangenheit leben zu müssen. Nur eines sei dir gesagt, du wirst an der Vergangenheit nichts mehr ändern können. Was gewesen ist, kommt nie wieder. Was du ändern kannst, ist jetzt die Gegenwart und das solltest du ab sofort tun. Denn in der Gegenwart stellst du die wichtigen Weichen für deine Zukunft, damit dein Zug rollt.

Wer nicht die Gegenwart lebt, hat verloren. Früher als wir noch klein waren, sprachen wir davon, wenn wir einmal größer sind, dann. Heute wo wir größer sind, sprechen wir davon, dass es früher besser und schöner war. Weißt du, was das für ein gigantischer Blödsinn ist, den man sich da antut? Höre damit sofort auf, tue dir das nie mehr an. Genau mit diesem System killen die meisten ihre wundervolle Gegenwart, in der sie leben könnten. Das macht nur ein Narr, solche komischen Geschichten. Du solltest dich davon distanzieren. Du wirst dabei eines erleben, es verändert sich manches dadurch. Dein Leben gewinnt sofort an Lebensqualität und dies ist genau das, was wir alle brauchen. Denn nur über diese hohe Lebensqualität können wir ein glückliches und erfülltes Leben leben.

Es hängt niemals von den äußeren Umständen ab, was die meisten glauben und teilweise mit einer hohen Effizienz vertreten. Das ist Blödsinn, es hängt nur und ausschließlich allein von dir ab. Du bist das Maß der Dinge, entscheidest, wo die Reise mit deinem Zug hingeht. Sicher nicht die Umstände und darum solltest du diese außer Acht lassen. Sie tun dir nicht gut, wenn es im negativen Kontext abläuft. Das Leben ist positiv, also schließen wir uns dem an und warten nicht, dass es kaputtgeht. Reduziere nun die Aufzählungen, auf die für dich drei stärksten Ereignisse. Freue dich auf diese wundervolle Aufgabe. Genieße sie in vollen Zügen, auch wenn es dir womöglich jetzt ein wenig anders zumute ist.

Mein Verlust?	**Wieso?**	**Schmerz?**
1.) ____________	____________	________
2.) ____________	____________	________
3.) ____________	____________	________

Wie ist es für dich, wo du es vertieft hast? Nur noch drei deiner stärksten Verluste übrig geblieben sind? Ich weiß, man sollte die Vergangenheit ruhen lassen. Bei solchen Aufgaben wie hier ist es jedoch wichtig, dass wir sie nochmals ans Tageslicht befördern. Dadurch sehen wir es aus einem völlig anderen Blickwinkel. Einmal aus der Distanz heraus und dann mit der Sicherheit des Buches. Denn da befindest du dich ja in einem geschützten Bereich. Das tut unendlich gut und gibt einem ein Gefühl der Geborgenheit. Das brauchen wir Menschen, dass wir uns gut und aufgehoben fühlen.

Das Leben rast, da brauchen wir eine Tankstelle, um Kraft zu tanken. Wenn wir das nicht tun, geht es uns nicht gut. Ich liebe es, mich permanent zurückzuziehen, in den sogenannten geschützten Bereich meines Lebens. Die Amerikaner nennen das auch Cocooning. Das tut supergut, und wenn man sich daran gewöhnt hat, wird man es dauerhaft tun. Denn das ist der Bereich, welcher absolut nur uns allein gehört. Da darf und sollte auch nie ein anderer eindringen. Da können wir keine Störenfriede gebrauchen. Reduziere es nun bitte auf deinen stärksten Verlust. Wo hat es am meisten reingehauen? Wo bist du buchstäblich aus deinen Latschen gekippt?

Mein Hauptverlust?	**Wieso?**	**Schmerz?**
1.) ______________________	________________	________

Wie fühlt sich das jetzt an? Ist es gut für dich, oder eher eine Belastung? Geht es dir damit sogar schlecht, dass du sagen musst, es ist immer noch nicht ausgestanden? Das kann gut sein und wenn das so ist, musst du nochmals in das Gefühl einsteigen. Das darfst du nicht stehen lassen, denn irgendwann müssen wir komplett aufräumen. Sonst passiert genau das, dass wir die Vergangenheit für alle ewigen Zeiten mit uns rumschleppen. Dadurch sind wir stark belastet und das ist nicht gut. Wir brauchen dringend unsere Freiheit, um in unserem Wohlfühlbereich zu sein. Da geht es nicht, dass wir immer noch die Vergangenheit mit im Gepäck haben.

Du bist der Einzige, der es lösen kann. Das kann für dich niemand anderes übernehmen. Das glauben aber die meisten, oder sie sehen es als ihr Schicksal an, aus dem es kein Entrinnen gibt. Du kommst da raus, wenn du es willst. Du brauchst den festen und eisernen Willen, all das hinter dir zu lassen. Dadurch hast du weitaus mehr Energie, fühlst dich entsprechend gestärkt und kannst mehr bewegen. Um das geht es, immer auf dem idealen Zustand und Weg zu sein.

Dein Fazit: ____

Was war, gilt es unbedingt zu akzeptieren

Denn je schneller du damit einig bist, desto mehr Energie hast du für die neuen und großartigen Aufgaben, die auf dich warten. Ich darf dir dazu eines sagen, es wartet noch gigantisch viel auf dich. Das ist ein Traum und du bist in diesem Traum mitten drin, kannst ihn permanent wahr werden lassen. Tag für Tag sogar, wenn du das willst. Das solltest du bitte auch tun, denn die eigenen Träume zu leben, ist wirklich das höchste aller Gefühle. Ich bin so froh und dankbar, dass ich das gecheckt habe. Es hat relativ lange gedauert und ich hatte etliche Irrwege hinter mir. Aber das zählt alles nicht mehr, nun bin ich angekommen und das macht mich sehr glücklich und stolz.

Je schneller wir mit der Vergangenheit abschließen desto besser

Wenn ich die Menschen da sagen höre, das werde ich nie vergessen. Oder noch schlimmer, das werde ich nie verzeihen können, schüttelt es mich förmlich. Wie kann man nur solche schrecklichen Dinge sagen. Dies ist im höchsten Maße selbst erfüllende Prophezeiung. Ich hoffe, dass du nicht so arbeitest, du niemals solch einen Schwachsinn erzählst. Halte dich bitte an das Leben, welches heute stattfindet. Denn wenn du nachtragend bist, schadest du dir nur selbst. Der andere wird davon nichts merken und es wird ihn kaum interessieren. Wieso dies tun, wo man sich im höchsten Grad schädigt? Bist du masochistisch veranlagt, ich hoffe nicht.

Es war schlimm

Das höre ich häufig, dass die Leute sagen, dass es schlimm und schrecklich war. Die Frage, die sich mir da stellt, wollen wir uns da dran festhalten? Weiterhin unsere Gegenwart und damit die Zukunft belasten, oder gehen wir weiter. Es ist wahrlich egal, was war und was nicht. Was zählt ist ausschließlich, wo die Reise hingeht. Wir wollen nicht das Trauma weiterhin im Zug mitführen. Werfen wir es buchstäblich aus dem Zug und lassen es uns ab sofort supergut gehen.

Sehe bitte niemals dein Schicksal als das Schlimmste an

Das solltest du bitte nie tun, dadurch würdest du dich nur selbst untergraben. Es gibt viele Menschen, denen geht es noch weitaus schlimmer als uns. Schau dich einmal um, da wirst du das sofort für dich entdecken können. Mache bitte kein Drama daraus. Sollte dein Zug damals tatsächlich bei der ganzen Sache entgleist sein, bringst du ihn wieder auf die Schienen und weiter geht es. Lasse ihn vorher reparieren und los geht es. Wer führt denn solche Reparaturen durch? Hier einige der Möglichkeiten, denn derer gibt es einige.

- Psychologen
- Psychiater
- Seelsorger
- Geistheiler
- Freunde
- Familie
- Kartenleger und Wahrsager
- Astrologen

Schauen wir uns die Leute im Detail näher an. Was gut ist und was nicht, kannst du nur für dich allein entscheiden.

Psychologen

Diese gibt es wahrlich wie Sand am Meer und es werden täglich mehr. Kein Ende in Sicht, da solltest du genau hinschauen und dir eine Stunde schenken lassen. Die meisten machen das für umsonst, es gilt zu fragen, ob sie dazu bereit sind. Ich würde niemals die Katze im Sack kaufen. Was ich nicht mag ist, dass die Behandlung oft sehr langwierig ist. Ich weiß, was jetzt mancher Psychologe sagen wird, dass dies von der Schwere des Falles abhängt. Richtig und natürlich noch vom Businessmodell.

Hand aufs Herz, es geht bei allem stets ums Geschäft. Denn ohne, dass der Laden läuft, würde man ja Pleite gehen. Also hat man in der Branche zwei Aufgaben, einmal die eigentliche Aufgabe und zusätzlich muss man noch Geschäftsmann oder -frau sein. Überprüfe es selbst, wo du dich wohlfühlst und ob du den Weg einschlagen möchtest.

Psychiater

Das ist interessant, zum Psychiater zu gehen und dort die Zelte aufzuschlagen. Auch hier haben wir dasselbe Thema, wie bei den Psychologen. Was oft spannend ist, dass sich die Beiden nicht ganz grün sind. Bei den Psychiatern kommt hinzu, dass es in der Regel noch ein paar Tablettchen oder ein Spritzchen gibt. Ist das so gut, ich weiß es nicht. Also ich möchte es nicht, für mich ist das ein absolutes Tabuthema. Denn wenn ich derart in das System eingreifen muss, wird es für mich außerhalb meiner Kontrolle, das mag ich auf keinen Fall.

Der Vorteil beim Besuch hier, dass es in der Regel von der Krankenkasse bezahlt wird. Somit brauchst du kein Geld dafür auszugeben. Auch hier gilt es den Weg zu testen. Welcher ist für dich der Beste, wo fühlst du dich wohl? Ausprobieren macht klug und stark. In Vermutungen zu leben hält definitiv klein und dumm, so sehe ich das. Es ist gut, dass jeder seine Sicht der Dinge hat und das soll auch so bleiben.

Seelsorger

Früher waren die Seelsorger näher an den Menschen dran, habe ich empfunden. Nur ein wenig von der Kanzel runter predigen, das reicht nicht mehr aus. Bei uns damals kam der Pfarrer mindestens zwei Mal im Jahr zu Besuch, um nach dem Rechten zu schauen. War das nicht wundervoll? Man fühlte sich gut aufgehoben und wenn was war, konnte man jederzeit vorbeigehen. Ich denke da hat sich einiges verändert.

Was es zusätzlich noch gibt, sind verschiedene, weitere kirchliche Institutionen, wo man sich helfen lassen kann. Auch da überprüfen, was es gibt und wie man damit zurechtkommt, teste alles aus. Dadurch verschaffst du dir den erforderlichen Überblick und niemals mit dem Erstbesten zufrieden sein. Die Welt ist grandios, die Welt ist Fülle und dies gilt es voll umfänglich zu nutzen.

Geistheiler

Ich finde es schade, dass man über Geistheiler häufig lächelt, als kämen diese von einem anderen Planeten. Unterschätze nicht, was diese alles bewegen können. Ich bin immer wieder erstaunt darüber. Schaue es an und teste es aus. Es sind häufig die Leute, die da weiter machen, wo andere schon längstens aufgegeben haben. Todgeweihte die aufgegeben wurden, werden wieder in die Spur gebracht. Ein sehr spannendes Thema, muss ich sagen. Ich war früher ein absolut ungläubiger Thomas, das heißt, ich habe nichts geglaubt und mich sogar noch über vieles lustig gemacht. Eigentlich erschreckend so durch die Welt zu gehen. Denn mit dieser Verhaltensweise habe ich mir unverzüglich die Türen und Tore zugeschlagen, bevor sie richtig aufgingen.

Zum guten Glück habe ich mich geöffnet. Bevor ich jetzt irgendetwas ablehne, schaue ich lieber genau hin. Ich gebe mir die Chance es exakt wissen zu wollen. Deswegen sage ich mir dann „Lieber Ernst schaue es dir genau an, wenigstens eine Zeit lang, sollte es nichts sein, kannst du es immer noch ablehnen."

Freunde

Diese können manchmal auch helfen und uns wieder in die richtige Spur, das heißt, auf das Gleis bringen, damit der Zug fahren kann. Denn unser Zug muss weiterfahren, dafür wurde er gebaut und daran sollten wir uns halten. Wenn ein Zug nicht fährt, rostet er vor sich hin und das Leben entweicht langsam daraus. Wie gut Freunde helfen können, hängt davon ab, wie viel Kenntnisse sie in der jeweiligen Thematik haben.

Wenn ich da an eine Frau denke, die permanent ihre Freundin belästigt, weil sie mit ihrem Mann nicht klarkommt. Ich bin mir sicher, dass dir solch eine Situation bekannt vorkommt. Das ist die berühmte NeverEnding Story, das heißt, es hört nie mehr auf. Das Spiel geht weiter und weiter. Wie klug oder bescheuert ist denn das? Das kannst du nur für dich entscheiden, ob du den Weg gehen möchtest, oder lieber einen anderen.

Familie

Das ist aus meiner Sicht häufig ein heißes Eisen. Ich erinnere mich noch an die Worte meiner geliebten Mutter, die sagte „Siehst du, ich habe es dir doch gleich gesagt. Aber du wolltest ja nicht hören." Da bin ich mir hundertprozentig sicher, dass dir das auch bekannt vorkommt. Wie clever ist denn das? Wenn noch der dumme Spruch zum Tragen kommt, von wegen „Wer nicht hören will, muss fühlen" dann reicht es tatsächlich, meinst du nicht auch?

Manchmal mögen die Eltern oder Geschwister einem helfen können. Ob das jedoch immer objektiv passiert, glaube ich nicht. Denn da stecken in der Regel zu viele Emotionen drin. Das ist nicht gut, um dir richtig zu helfen. Da ist es mit dem nötigen Abstand doch besser zu sehen und zu bewältigen.

Kartenleger und Wahrsager

Was ich davon zu halten habe, ich weiß es nicht. Natürlich haben auch sie ihre Berechtigung wie alles im Leben, sonst würde es das ja nicht geben. Sie haben ihre Kundschaft, die darauf schwört. Für mich ist das vom Schicksal abhängig zu sein, das mag ich nicht. Ich mag das Zepter stets in den eigenen Händen halten und den Weg selbst gehen und bestimmen. Aber auch hier mein Tipp, probiere es aus. Dann siehst du schnell, ob das dein Weg ist und ob er dir guttut.

Astrologen

Hier das Gleiche wie in der vorherigen Gruppe. Ich persönlich finde die Wissenschaft der Astrologie absolut spannend und faszinierend. Ob ich mich aber nur auf die Konstellation der Gestirne verlassen sollte, ich weiß es nicht. Ich habe es auch schon gemacht, bin aber im Moment wieder davon abgekommen. Was nicht heißt, dass ich auf den Zug wieder aufspringen werde. Ein guter Freund macht das für sich, mal schauen, ob ich mich nochmals damit beschäftigen werde.

Jetzt bist du voll mit Informationen

Es gibt noch weitere Möglichkeiten, ich wollte aber den Rahmen des Buches nicht sprengen. Schaue für dich nach, wer dir am besten tut. Sei für alles offen und es geht dir dadurch viel besser, das ist der springende Punkt.

Ich habe in meinem Leben schon alles ausprobiert

Darauf bin ich stolz und ich bereue rein gar nichts. Denn mein Zug ist häufig entgleist und das ist normal. Die Frage ist nur, wie schnell wurde er jeweils wieder flott gemacht und auf die Schienen gebracht, damit er weiter rollen konnte.

„Wer nichts macht, der macht natürlich auch keine Fehler!"

Was nicht ganz stimmt, denn dieser macht den größten Fehler seines Lebens. Er behindert sich selbst auf das Massivste. Denn das Leben bedeutet in jeder Hinsicht Entwicklung. Weiter zu kommen und von einer Station zur nächsten zu fahren. Die gesamte Welt zu bereisen und sich des Lebens zu erfreuen.

Wenn ich Bilanz ziehen darf

Wenn ich Bilanz ziehe von all meinen Entgleisungen, kann ich eines sagen, Geistheilung hat mir am schnellsten und am besten geholfen. Ich dachte schon einige Male, an den Situationen buchstäblich zu zerbrechen. Ich hatte alles ausprobiert, was ich aufgeführt habe. Es hat nichts genutzt, denn das eine war zu sehr auf der sachlichen Welt, mit vielen Gesprächen. Dinge, die ich hätte einsehen sollen und damit auch verstehen. Ich konnte es aber nicht immer verstehen und akzeptieren. Ich haderte so sehr damit, dass es mich fast umgebracht hat.

Dann die andere Welt, die war mir zu stark auf das Schicksal aus und es sollte irgendwann besser werden. Ich wartete sehnsüchtig auf den Moment, wo dies eintrifft und ich wäre wohl heute noch am Warten. Also war das auch nicht der richtige Weg für mich, Warten und Leiden, nein danke, das wollte ich nicht mehr. Die Familie und Freunde brachten mich auch nicht viel weiter, mit solchen Aussagen wie

„Das ist jetzt eben so - das musst du akzeptieren!"

Klar, wie konnte ich es in meinem unendlichen Schmerz nur akzeptieren? Das ging nicht, der Schmerz war unendlich groß und stark. Er übermannte mich förmlich und lähmte mich sogar. Wie kann man das bitte akzeptieren wollen? Das ging weit über meine Kraft hinaus. Genauso wie der Spruch

„Die Zeit heilt Wunden!"

Wieso sollte ich darauf warten, wie lange sollte ich noch leiden müssen und dürfen? „Ja, irgendwann wird es besser." Es wurde aber nicht besser, weil der Schmerz zu meinem tragenden Element wurde. Er hat mich Tag und Nacht förmlich begleitet. Wahnsinn, jetzt kommen mir beim Schreiben gerade die Tränen. Es übermannt mich förmlich, wie sehr hatte ich doch gelitten. Heute ist mir eines vollkommen klar, ich habe mir durch den Schmerz, durch meine permanenten Gedanken, im Inneren und Äußeren, diese schreckliche Welt, immer wieder erschaffen. Das war verrückt derart vorzugehen, aber ich kannte keinen anderen Weg. Ich war in meiner Welt des Leidens gefangen. Kennst du das auch? Bestimmt und das bringt einem oft an den Rand des Wahnsinns. Komische Gedanken kommen da hoch, von wegen sich vielleicht sogar ganz zu verabschieden.

Sollte das jetzt bei dir nie der Fall gewesen sein, sei überglücklich und dankbar. Oder du lebst dein Leben nicht richtig, das kann natürlich auch sein. Schaue da lieber nochmals genau hin. Es gibt nichts Schlimmeres, als am Ende des Lebens feststellen zu dürfen, dass du es ja eigentlich nicht gelebt hast.

Meine Mutter sagte immer zu mir einen wundervollen Spruch, den sie von ihrer Mutter hatte. Auch da habe ich häufig darüber gelächelt. Aber du kennst es bestimmt selbst, über was man lacht oder sich vielleicht sogar lustig macht, kann sich schnell auch mal drehen und dann ist es nicht mehr lustig.

„Wenn du denkst, es geht nicht mehr - kommt von irgendwo ein Lichtlein her!"

Ich fand diesen Spruch damals sehr blöd und infantil. Das war nur was für Weicheier, für ungebildete Menschen. Dem war aber nicht so und das habe ich eines Tages verstanden. Nachdem mein Leidensdruck noch ein wenig mehr zugenommen hatte.

Ich hörte häufiger was von Geistheilern. Das war für mich aber dermaßen obskur, ich wollte mit diesen Menschen nichts zu tun haben. Ich machte einen Bogen um sie. Viele waren und sind tatsächlich abgefahren. Es war definitiv nicht meine bodenständige Welt. Wie es oft ist, es gibt ja keine Zufälle, sondern es passt ganz einfach. Eine meiner Mitarbeiterinnen stand kurz vor einer großen Darmoperation. Dieser wollte sie sich auf keinen Fall unterziehen, denn der Ausgang und das Risiko waren ungewiss. Da zieht man vorher lieber alle anderen, möglichen Register.

Ich hatte in Erinnerung, dass die Hydro Colon Therapie da sehr gut ist, einfach mal den Darm zu leeren. Ich recherchierte, wer das bei uns in der Nähe macht und wurde tatsächlich fündig. Denn wer suchet, der findet ja bekanntlich. Sie ging da hin und siehe da, es war großartig. Übrigens sie musste auch nicht operiert werden. Da ich beim Fasten schon öfters die Hydro Colon Therapie machen ließ, bin ich auch zur Heilpraktikerin hingegangen.

Sie erzählte mir von der Mutter, die auch Heilpraktikerin ist und Geistheilung macht. Die Erzählungen, was da schon alles Gutes ablief, faszinierte mich und ich meldete mich an. Natürlich total skeptisch, denn es war mir noch etwas dubios. Siehe da, es wirkte schnell. Mein Zug kam zügig wieder auf die Schienen. Ich war wie erlöst und konnte mich endlich von den Dingen befreien. Es hat mich in keinster Art und Weise mehr belastet. Es war buchstäblich wie ein Jungbrunnen, was ich da erleben durfte.

Ich war unendlich dankbar und glücklich darüber. Denn eines wurde mir klar, es gibt die sichtbare Welt und die noch viel größere unsichtbare Welt, die war weitaus gigantischer. Wenn du es nicht glaubst, schaue doch mal bei einer sternenklaren Nacht in den Horizont, wie weit du da blicken kannst. Wie gigantisch der Kosmos ist und wie klein wir auf dieser Erde. Also muss es da noch eine andere Welt geben. Nämlich die Geistige, mit ihrem unendlichen Potential. Ich kann nur eines sagen, mit dem Thema habe ich angefangen, mich noch intensiver zu beschäftigen und es ist Wahnsinn, was sich da alles tut. Es gibt keine Grenzen mehr und ich bin unendlich dankbar, dass ich darin für mich meine Hilfe und Unterstützung gefunden habe. Wir können etliches für uns tun, aber nicht permanent alles.

Ich habe dann bei einem Arzt die Ausbildung zum Geistheiler absolviert. Das hat mich nochmals einen großen Schritt weiter gebracht. Es ist so simpel, wenn man um die Dinge weiß. Man muss nur bereit sein, den Weg zu gehen und sich zu öffnen. Wer sich der Welt verschließt, ist selbst schuld. Darum gehe es an, überprüfe es. Du kannst nur gewinnen, alles was hilft, ist großartig. Das habe ich schon vielen Menschen weitergegeben und siehe da, einfach nur genial.

Dein Fazit: ____

Mangelndes Selbstwertgefühl

Das hört sich nicht gut an, du brauchst kein mangelndes Selbstwertgefühl zu haben. Du bist großartig, in dir ist alles enthalten, was du zum Leben brauchst. Es ist dir bereits in die Wiege gelegt worden. Aber im Laufe der Zeit ging leider viel davon verloren, das ist traurig. Als kleines Baby und Kind, hattest du kein Problem damit. Das hat erst später angefangen, als man versucht hat, permanent an dir rumzubasteln. Das ist das Gleiche, wie mit dem Einmischen, wo dein Zug letztlich hinrollen soll. Jeder hat versucht Einfluss zu nehmen, die meisten wussten es besser als du. Dich hat es nur durcheinander gemacht, sodass du nicht mehr wusstest, was Sache ist.

Was bedeutet Selbstwertgefühl

Das bedeutet nichts anderes als vollkommen in seinem Glück zu leben, in seiner Mitte zu sein. Stelle dir deinen Lebenszug in seiner Brillanz vor, wie er im Bahnhof steht. Gerade Menschen ein- und aussteigen, er in wenigen Minuten wieder aus dem Bahnhof rausfährt und auf freier Strecke Vollgas gibt. Voller Stolz jagt er durch die Landschaft und bringt dich innerhalb von wenigen Stunden zum nächsten Zielbahnhof. Dort steigen wieder ein paar Leute aus und Neue kommen dazu. Schon fährt der Zug wieder stolz aus dem Bahnhof raus und du siehst ihn am Horizont verschwinden.

Es hört sich simpel an, nur was die meisten Menschen daraus machen, ist kompliziert und schwierig. Es wird teilweise sogar zum fast unüberwindbaren Hindernis auf dem Weg zu einem Leben, dass so wunderschön sein könnte. Schauen wir uns das Wort einmal näher an.

Selbst - wert - gefühl

Ich liebe die deutsche Sprache, sie ist wundervoll. Da liegt immens viel Wahrheit drin. Wichtig ist, dass man anfängt, sie zu verstehen, genau da hapert es bei den meisten Menschen. Solange du dich aber nicht selbst verstehst, wirst du nie das Selbstwertgefühl haben, welches es braucht, um hundertprozentig dein Leben zu leben und vollkommen glücklich, gesund und gelassen zu sein.

Selbst

Was heißt das, du selbst und niemand anderes. Das ist wichtig, dass du es bist, der stolz auf sich ist. Nur du allein, führe dir das bitte vor Augen. Du bist das Maß der Dinge und niemals jemand anderes. Darum ist es dringlich, dass du eine hohe Meinung von dir hast. Du solltest die höchste Meinung von dir haben. Wenn du das fertig bringst, hast du gewonnen. Dann gehörst du zu den Siegern. Viele Menschen warten permanent auf das, was von außen kommt. Das ist Blödsinn, du solltest nicht warten, denn wenn du wartest, verlierst du.

Es hat noch keiner gewonnen, der gewartet hat. Auf was willst du warten? Dass es besser wird, das Wetter schöner, du etliche Jahre älter bist, oder willst du lieber gleich warten, bis du stirbst? Auch das ist eine Möglichkeit. Ich würde mich aber niemals auf das Spiel einlassen. Tue es bitte nicht, hüte dich davor. Denn das Leben findet immer genau in dem Augenblick statt, in welchem wir uns gerade befinden. Nicht vorne und nicht hinten, wie uns viele Menschen, versuchen beizubringen. Das ist dumm, wenn wir das tun. Also schenken wir es uns lieber. Stehe zu dir, sei glücklich und in vollkommener Harmonie mit dir und dem Leben.

Wert

Das ist der Wert, welchen du dir selbst gibst. Du gibst dir immer einen Wert. Die Frage ist hierbei nur, ob es sich um einen hohen oder niedrigen Wert handelt. Der Energieaufwand ist genau derselbe. Da ändert sich nichts, nur die Resultate können unterschiedlicher nicht sein. Wenn wir schon den gleichen Energieaufwand haben, dann achte ich tunlichst darauf, die besten und größten Ergebnisse daraus zu erzielen. Ich bin ein absoluter Narr, wenn ich diese Regel nicht beachte. Wie kann man nur so durch die Welt marschieren?

Je höher dein Selbstwert ist, desto mehr Energie und Ergebnisse kannst du erzielen. Das muss dir bewusst sein und sei auch dankbar für alles, was damit zusammenhängt. Menschen, die sehr erfolgreich sind, haben alle einen riesigen Selbstwert vorzuweisen. Menschen, die keinen Erfolg haben, die unglücklich sind und arm, haben einen niedrigen Selbstwert. Das tut schon fast weh, es zu beobachten. Du bist der Einzige, der sich da selbst rausholen kann. Tue es, schaffe jeden Tag daran.

Gefühl

Hier haben wir es doch, es hat ausschließlich was mit deinen Gefühlen zu tun, mit sonst gar nichts. Anstatt ein positives Gefühl zu haben, bewegen sich die meisten auf einem ganz niedrigen Gefühl. Wenn man diese reden hört, kommt meistens „Ich habe kein gutes Gefühl!" Das ist verrückt, so durch die Welt zu gehen. Bitte ändere es jetzt sofort, habe immer ein sehr gutes und positives Gefühl. Hier höre ich häufig „Wie kann ich das haben, wenn alles so schlecht oder sogar scheiße ist?" Genau dann erst recht, heißt die Devise. Nicht warten, bis sich alles wieder in Luft aufgelöst hat, um dann ein gutes Gefühl zu haben. Das dauert erstens zu lange, falls es überhaupt funktioniert. Dann verlierst du unter Umständen sogar Jahre oder Jahrzehnte.

Ich kenne etliche Menschen, die lange im negativen Gefühl gelebt haben. Das ist nicht gut, dadurch hat es sich förmlich manifestiert. Weißt du überhaupt, wie schlimm das ist? Wenn dein gesamtes Leben nur noch aus dem Negativen besteht? Ich finde das furchtbar und schrecklich. Das Leben ist doch positiv und wundervoll. Deshalb verabschiede dich heute noch vom Negativen. Das können gerne andere Leute weiterhin pflegen, wenn sie es unbedingt brauchen, du aber bestimmt nicht mehr.

Wenn sich dein Selbstwertgefühl erhöht, verändert sich alles

Lese diesen Satz bitte nochmals durch und dann verinnerliche ihn in dir. Ich finde es wundervoll, und es ist so simpel. Es ist im Übrigen immer leicht, das Leben zu leben, welches man leben möchte. Wenn man endlich anfängt und in die Übung geht. Viele Menschen sagen mir dann „Ich habe es probiert und hat nicht funktioniert." Wie kann es funktionieren, wenn man es nur probiert. Das reicht niemals aus, du musst es tun, in dem festen Glauben auf ein wundervolles und strahlendes Leben. Gib dem Leben die Chance, sich für dich zu entwicklen. Wenn du aber nicht damit anfängst, wieso soll es das Leben für dich tun?

Wer zu spät kommt, den bestraft das Leben

Wie cool ist diese Aussage, ich habe sie früher sehr oft verwendet, dann habe ich eine Zeit lang damit aufgehört. Denn ich kam oft zu spät und es war nicht gut für mich. Heute sehe ich es locker und voller Gelassenheit. Es ist zu einem Teil von meinem Leben geworden, immer sofort anzufangen und nie mehr zu warten. Denn eines habe ich im Laufe der Jahre gemerkt, durch das Warten habe ich mir meine kostbare Lebenszeit zerstört. Dass ich nun nicht mehr gewillt bin, weiterhin so durchs Leben zu gehen. Ich liebe die vollkommene Fülle für mein Leben, und damit geht es mir supergut. Auch andere Menschen in meinem Umfeld fühlen sich dadurch in Harmonie.

Bestrafe dich bitte nie mehr selbst, das tut dir nicht gut. Achte darauf, dass du ab sofort mitten im Leben stehst, in deinem Leben. Lebe dich bitte hundertprozentig. Du hast nur dieses Leben, außer du glaubst an die Reinkarnation. Da bin ich mir aber nicht so sicher, was ist, wenn es nicht aufgeht? Da mache ich lieber in diesem Leben eine riesengroße Meisterleistung und ziehe alle Register. Freu mich über jeden Tag meines Lebens und bin permanent mit Vollgas und Freude unterwegs.

Wie sieht es mit deinem Selbstwertgefühl aus

Hast du das schon einmal überprüft und angeschaut? Wie gehst du damit um? Bewegst du dich auf einem hohen oder eher niedrigen Level? Du kannst immer wählen und das solltest du auch tun. Wenn ich dann höre, dass Menschen behaupten, es gäbe für sie keinen Grund, sich auf einem hohen Level zu bewegen, tut mir das weh, dass man solch eine Einstellung sein Eigen nennt. Wir gehen nun gleich ans Eingemachte und du schreibst alle Punkte auf, die dir zu deinem Selbstwertgefühl einfallen. Wieso das so ist und seit wann du es hast. Diese Übung hilft dir, es auch zu leben. Das ist immer der Faktor, es selbst zu leben. Wenn du es nicht tust, wer soll es sonst machen? Der Glaube daran, dass es andere Menschen für einen tun könnten, ist unendlich naiv und dümmlich. Dem darfst du dich bitte nie wieder hingeben. Du gehst den Königsweg und der lautet

„Nimm endlich dein Leben in deine Hände!"

Ich liebe diese Aussage, denn darin ist alles enthalten, was man zum Leben braucht. Wir sind die Einzigen, die das können, denn keiner ist uns so nahe, wie wir uns selbst. Das ist doch klasse und wundervoll. Schreibe jetzt sofort bitte alles auf, was zu deinem Selbstwertgefühl beiträgt. Dann wieso das so ist, woher es stammt und seit wann du diesen Zustand hast.

Mein Selbstwertgefühl?	**Wieso ist das so?**	**Seit wann?**
1.) ______________________	________________	__________
2.) ______________________	________________	__________
3.) ______________________	________________	__________

4.) ______________________ ________________ __________

5.) ______________________ ________________ __________

6.) ______________________ ________________ __________

7.) ______________________ ________________ __________

8.) ______________________ ________________ __________

9.) ______________________ ________________ __________

10. ______________________ ________________ __________

Wie war es für dich, ist es dir leichtgefallen oder schwer? Auf meinen Seminaren erlebe ich, dass es die schwierigste Aufgabe von allen ist. Hier tun sich die meisten sehr schwer. Das ist aber klar, wenn sie genügend Selbstwertgefühl hätten, würde es leicht von der Hand gehen. Leider wurde es in der Kindheit weg dressiert. Das ist bescheuert, es war ja bereits vorhanden, da lief es gut. Jetzt müssen wir im höheren oder sogar im hohen Alter uns damit abplagen. Es bleibt uns nichts anderes übrig, möchten wir ein erfülltes und glückliches Leben führen. Wenn nein, dann heißt es so weiter machen wie bisher.

Aber ich denke, du wirst und möchtest das auf keinen Fall, und dazu kann ich dir nur gratulieren. Denn ein Leben mit viel Selbstwertgefühl, ist die absolute Krönung. Da geht es einem supergut und man fühlt sich vollkommen wohl in seiner Haut. Viel mehr als alles andere, denn das kostet nur unnötige Lebensfreude und diese brauchen wir für dringliche Dinge. Meinst du nicht auch, dass du solch ein schönes und erfülltes Leben führen könnest? Ich finde schon und das beginnt jeden Tag wieder aufs Neue.

Es ist nie zu Ende, dies muss dir bewusst sein. Mich macht es zufrieden und glücklich, ich habe die Erfüllung gefunden, mich endlich damit und darin leben zu können. Genau das solltest du auch tun und es nie mehr in die Ferne schieben. Das machen nur ausgesprochene Narren, die ihr Leben für später aufbewahren wollen, wenn alles besser sein wird. Wenn es jetzt nicht besser ist, ist es später bestimmt auch nicht besser. Sondern wir entfernen uns immer stärker von unserem eigentlichen Sein. Das dürfen wir nicht tun, denn wir verstoßen dadurch gegen die göttliche Ordnung.

Vielleicht sagst du dir nun womöglich, was interessiert mich Gott, dann nenne es die kosmische Ordnung. Oder das Erfolgsprinzip, auf alle Fälle sollte man sich nie gegen das ganzheitliche Leben entscheiden. Du wirst es erleben, wenn du so weiterlebst, wie bisher. Du wirst es aber auch erleben, wenn du dich endlich ganzheitlich lebst und im Vollbesitz deiner Gesundheit. Gesund sein kann ich nur, wenn ich hundertprozentig in meiner Mitte bin. Jetzt reduziere es auf deine drei stärksten Punkte, wieso du Selbstbewusstsein an den Tag legen solltest, wieso du es hast und was in dir bereits vorhanden ist. Vielleicht ein wenig verschüttet oder ganz, das ist egal. Es ist aber noch da und es war schon immer da. Das muss dir bewusst sein und darüber darfst du dich freuen.

Mein Selbstwertgefühl?	**Wieso ist das so?**	**Seit wann?**
1.) ____________	____________	________
2.) ____________	____________	________
3.) ____________	____________	________

Jetzt hast du es geschafft, du bist dir noch nähergekommen, wie wundervoll. Ich freue mich jeden Tag aufs Neue, wenn ich mich permanent näher kennenlernen darf. Die Zusammenhänge verstehe und mich dazu. Das ist ein wundervoller Weg dahin, allein dieser bereitet viel Spaß und Freude. Wie empfindest du es, wie geht es dir damit? Ich wünsche mir du spürst, wie langsam, aber sicher deine Energie zu dir zurückkehrt. Die große Urenergie, die niemals versiegt und immer schon da war. Sie kann aber nur dann kommen, wenn du dazu bereit bist und dich dafür öffnest. Ohne diese Öffnung prallt sie an dir ab. Das hast du bestimmt schon des Öfteren bemerkt, wenn du dich energielos fühltest. Du hast versucht dagegen anzukämpfen und es hat nicht funktioniert.

Wer kämpft, daraus wird immer nur Kampf und Krampf. Das ist völlig kontraproduktiv und nicht gut. Es muss fließen und dann läuft es von selbst. Aber nur, wenn du dich geöffnet hast. Da wo schon viel ist, fließt die Energie noch weitaus stärker. Da wo wenig ist, zieht sie sich buchstäblich zurück. Liebe dich mit deinem ganzen Herzen, denn das kannst du jederzeit tun. Wenn nein, dann verhärtet sich nicht nur dein Herz, sondern auch der Geist und die Seele. Wenn deine Seele anfängt sich zu verhärten, dauert es in der Regel nicht mehr lange, bis du verkümmerst und sogar krank wirst.

Deine Seele will und muss geliebt werden, dies Tag für Tag. Ohne Einschränkungen, denn das Leben ist totale Vollkommenheit. Erst der Mensch macht daraus etwas anderes. Immer wenn wir gegen Grundgesetze verstoßen, wird es gefährlich. Aber du bist ja auf dem Weg, dies für alle ewigen Zeiten zu ändern und in deinem Leben zu manifestieren. Nun reduziere es auf deine stärkste Energie. Wo hast du am meisten Selbstwertgefühl?

Mein Selbstwertgefühl?	**Wieso ist das so?**	**Seit wann?**
1.) ______________________	________________	__________

Du hast es geschafft und jetzt solltest du innehalten, den Augenblick genießen und feiern. Denn sonst zieht er unbemerkt an dir vorbei. Das darf er nie mehr, so wie ein Zug von einem Bahnhof zum nächsten fährt, immer stolz und erhaben einfährt und auch wieder raus. Bei diesen Gedanken sehe ich den ICE, wie er majestätisch einfährt, den Bahnhof wieder verlässt und rasend am Horizont verschwindet. Genau dieses Bild solltest du für dich mitnehmen und dir tief in dein Herz einprägen.

Dein Fazit: ____

Du bekommst jeden Tag 24 Stunden geschenkt

Das sollte dir bewusst sein, dass du jeden Tag 24 Stunden geschenkt bekommst. Frei Haus geliefert und immer um Mitternacht erhältst du dieses Geschenk. Du musst dafür nichts tun, es wird dir überreicht, achte das nächste Mal um Mitternacht genau darauf. Ich liebe es und bin dafür dankbar. Tag für Tag aufs Neue gibt es dieses Geschenk. Ich muss es nur annehmen, das passiert natürlich automatisch. Die große Frage dabei ist, was mache ich aus dem Geschenk? Eine wundervolle und großartige Meisterleistung, oder trödle ich vor mich hin, wie an so manchen Tagen?

Das Leben ist ein wundervoller Traum

Wenn ich daraus etwas mache. Wenn ich nichts mache, ist mein Leben langweilig, wie bei den meisten. Ihnen ist langweilig und sie fühlen sich einsam. Das kann ich nicht verstehen, denn bei fast 7 Milliarden von Menschen kann man sich doch nicht allein fühlen? Das geht nur, wenn man sich der Welt verschlossen hat.

Das ist vergleichbar mit dem Zug, der im Bahnhof aufs Abstellgleis geschoben wurde. Dort wo gar nichts mehr geht, in der hintersten Ecke des Bahnhofes. Das ist klar, dass es da einsam ist. Wir sind gebaut worden, um zu rollen, um unterwegs zu sein und mit anderen Menschen in Kontakt zu treten. Der Lebenszug muss rollen und dies am besten Tag und Nacht.

Ein Meister nutzt die geschenkte Zeit

Der Unterschied von Erfolgreichen zu Nichterfolgreichen ist sehr einfach. Ersterer nutzt jede Minute und Stunde, er weiß genau was er will und was nie mehr. Du glaubst ja gar nicht, wie gut das tut.

Frei in seinen Entscheidungen zu sein und dies zu nutzen. Das macht glücklich und schafft weitere positive Ergebnisse. Das Gegenteil davon ist, die Zeit nicht zu nutzen. Nach Möglichkeit lieber und weiterhin das Gleiche machen wie immer. Sich bitterlich darüber beklagen, dass sich nichts tut. Dies ist dann doch ein völlig normaler Vorgang.

„Wer immer nur das Gleiche tut - wird immer nur die gleichen Ergebnisse erzielen!"

Wieso sollten dabei auch andere und bessere Ergebnisse entstehen? Das funktioniert nie und nimmer, du wirst nur das ernten, was du vorher gesät hast. Dieses Prinzip solltest du für immer tief in dir verankern. Denn wer wartet und hofft, dass sich die Dinge ändern, ohne dass er sich ändert, ist ein Narr.

Was bist du, ein Meister oder ein Narr

Ich weiß, diese Frage stößt nicht immer auf Gegenliebe. Das wird nicht gerne gehört, denn jeder Mensch glaubt natürlich von sich, ein absoluter Meister zu sein. Auch wenn das Gegenteil der Fall ist. Da sollten wir ein wenig genauer hinschauen und uns richtig einschätzen. Ich kann von meiner Seite aus sagen, dass ich oft ein Narr war.

Ich darf mich voll und ganz dazu zählen. Wie oft bin ich als Narr durch die Welt gerannt und habe es nicht verstehen wollen, wieso der Erfolg an mir vorbeiging. Ich wollte viel Erfolg haben und es hat leider nicht funktioniert. Weil ich Elementares dabei vergessen habe. Im Übrigen habe ich permanent das Gleiche getan, aber andere Ergebnisse erhofft. Wie verrückt muss man sein, so durch die Welt zu gehen.

Lerne ausschließlich von den Erfolgreichen

Irgendwann hatte ich es endlich begriffen, dass es sinnvoller ist, von den absolut Erfolgreichen auf dieser Erde zu lernen. Denn die wissen, wie es geht, die kennen sich aus und sind imstande mir auf meine Frage eine Antwort zu geben. Eine vernünftige, praktische und damit vollkommen praktikable Form. Das ist wichtig, denn sonst nützt es nichts. Diese vielen frommen Wünsche, die man immer mitbekommt, sind doch bescheuert und verrückt. Wir brauchen handfeste Tipps, um handfeste Ergebnisse zu erzielen. Nur damit bewegt man etwas in dieser Welt. Das ist unsere große Aufgabe, möglichst viel zu bewegen und niemals damit aufzuhören. Wenn wir das tun, haben wir verloren.

Heiße jeden Tag willkommen

Denn du weißt eines, dein Zug hat wiederum die Chance neue 24 Stunden zu rollen und wundervolle Destinationen zu erreichen. Ich empfinde das jedes Mal wie ein großes Geschenk des Himmels. Wenn man sich das überlegt, wie viel 24 Stunden sind. Das ist eine Menge und in dieser Zeit können wir immens viel bewegen. Dies geht jedoch nur, wenn du dich auf den Tag richtig vorbereitest.

Nicht nur einsteigen und hoffen, was der Tag bringt. Die Reiseroute muss vorher feststehen und dann geht es los. Unterschätze bitte niemals den Faktor der Vorbereitung und das Ziel zu kennen. Wenn du nämlich deine Ziele kennst, weißt du genau, wie es zu laufen hat. Ich liebe das sehr, meinen Zug buchstäblich auf Autopilot einzustellen und dann laufen zu lassen. Das kannst du genau wie ich auch, es ist aber eine Frage der Einstellung und Konditionierung.

Erfolgreiche bewegen weitaus mehr

Das ist eine uralte, bekannte Tatsache, dass Erfolgreiche viel mehr bewegen und dies nur, weil sie schneller unterwegs sind. Otto-Normalbürger braucht für alles zu lange. Er muss überlegen, dann muss er nochmals überlegen, um sich irgendwann in Bewegung zu setzen. Das geht nicht, ist verrückt, wenn man so unterwegs ist.

Ich weiß, dass ich mich wiederhole. Das ist aber wichtig, dass du dir dies tief und fest verinnerlichst. Je mehr du tust, desto besser geht es dir. Desto mehr wird alles zur Selbstverständlichkeit. Es ist am Anfang ungewohnt, bis es eines Tages zur Gewohnheit wird, so, als ob du noch nie etwas anderes gemacht hättest.

„Erfolgreiche wissen hundertprozentig was sie wollen und sie bleiben ihrem Erfolg Tag und Nacht treu!"

Ernst Crameri

Ich liebe dieses Zitat, denn es sagt vieles aus. Zu wissen, was man will, und Tag und Nacht dranbleiben. Nie mehr hingehen und alles infrage zu stellen. Das machen die meisten, man fängt an und sofort stellt man es infrage, ob es der richtige Weg ist. Das ist verrückt, darüber macht man sich vorher Gedanken und dann bleibt es dabei. Du kannst doch nicht immer wieder umschwenken, lässt den Zug nach Norden fahren, stellst dann fest, dass es nach Osten doch schöner gewesen wäre. Also dirigierst du den Zug nach Osten, einige Zeit später, denkst du nach Süden wäre noch klüger. Um kurze Zeit später zu denken, nach Westen, das wäre es. Das wollte man doch immer schon gemacht haben.

Mit dieser Politik machst du dir die Lebenszeit kaputt

Das sollte dir klar sein, es muss in dein Bewusstsein rücken. Damit du es verstehst, wie sehr du des Öfteren auf Selbstzerstörungskurs läufst. Wie kann man nur so etwas machen? Sich selbst zu zerstören, das muss man sich nicht geben. Du bist auf dem Weg, willst auf dem Weg sein und sabotierst dich durch dein Verhalten und deine Einstellung permanent. Tja, die meisten Menschen sind derart unterwegs und es ist kein Ende in Sicht. Das ist schlimm und fatal, wenn man dies macht. Tue es nie mehr, nicht für mich, nicht für die anderen, einzig und allein für dich.

Schreibe jetzt auf, was du in 24 Stunden alles machst

Ich meine nicht die Grundbedürfnisse zu befriedigen, wie das Essen, Trinken, Schlafen und Körperpflege. Aber alles andere, was bewegst du Sinnvolles in der Zeit? Nur wenn du tatsächlich sinnvoll unterwegs bist, schaffst du dir deine damit wohlverdiente neue Welt. Viele hätten gerne das Neue, ohne den Preis dafür bezahlen zu wollen. Das sind mir die liebsten Mitmenschen. Dies hört sich doch wundervoll an, findest du nicht auch? Das ist super, ohne Preis voranzukommen. Das wird nie der Fall sein, nie und nimmer. Darüber musst du dir im Klaren sein. Schreibe jetzt sofort auf, was du alles in den 24 Stunden tust. Dann wieso du das tust, es ist wichtig zu wissen, wieso man etwas tut. Das Dümmste ist, keine Ahnung zu haben. Einfach nur zu funktionieren, kennst du in deinem Leben auch solche Momente? Bestimmt, denn die meisten Menschen sind derart unterwegs.

Sie stehen jeden Morgen auf, ob sie wollen oder nicht, funktionieren, weil sie zur Arbeit müssen. Ob das ihrem Wesen, ihrem Naturell entspricht, spielt dabei keine Rolle. Es wird getan und so hofft man eines Tages, aus dem Dilemma rauszukommen. Das wird aber nichts und dadurch vergehen viele Wochen, Monate, Jahre und manchmal sogar ein ganzes Leben. Wie schrecklich und grausam ist denn das? Darum bin ich stolz auf dich, dass du dich nicht darauf eingelassen hast. Du jetzt das Buch hier in den Händen hältst und eine riesengroße Meisterleistung aus deinem Leben machst. Viel Spaß beim Schreiben und du wirst sehen, dass sich immens viel bei dir tun wird.

Ich tue in 24 Stunden?	**Wieso?**	**Seit wann?**
1.) ____________________	________________	_________
2.) ____________________	________________	_________
3.) ____________________	________________	_________

4.) ______________________ ________________ _________

5.) ______________________ ________________ _________

6.) ______________________ ________________ _________

7.) ______________________ ________________ _________

8.) ______________________ ________________ _________

9.) ______________________ ________________ _________

10. ______________________ ________________ _________

Wie ist es für dich, wie fühlt es sich an? Ist dir bewusst geworden, dass du womöglich auch Momente hast, die alles andere als produktiv sind? Klar, dass du schlafen musst, das ist normal, essen und Körperpflege betreiben musst, ist auch in Ordnung. Aber danach bleiben ja noch etliche Stunden übrig. Was machst du mit denen, kannst du diese womöglich ein wenig anders und besser einsetzen? Da bin ich mir 100% sicher und ich denke, du hast es mittlerweile bereits gespürt. Dass es so wie du es machst, nicht ideal ist. Das ist weiters nicht tragisch, die Frage ist aber, wie machst du es besser?

Sei froh, dass du es angegangen bist. Das ist wichtig, dass man anfängt, genau auf sein Leben zu schauen. Das solltest du übrigens jeden Abend machen. Du hast richtig gelesen, jeden Abend überprüfst du, ob der Tag zufriedenstellend verlaufen ist. Du alles getan hast, was erforderlich war, um richtig voranzukommen. Ich habe das früher nie gemacht und irgendwann nach Monaten festgestellt, dass ich es ja anders haben wollte. Dann ist es aber bereits wieder zu spät. Denn je mehr Zeit vergangen ist, desto weiter habe ich mich von meinen Zielen entfernt. Ist das gut? Bestimmt nicht, denn die Lebenszeit läuft. Unser Lebenszug hält nun einmal eine bestimmte Zeit und dann ist Schluss. Es geht nicht mehr weiter und der Zug wird verschrottet. Solange dies jedoch nicht der Fall ist, halten wir den Zug in Bewegung und freuen uns darüber, dass sich etwas dabei tut. Reduziere es nun bitte auf die für dich drei stärksten Bereiche, mit denen du unterwegs bist. Ob sie sinnvoll sind oder nicht, lassen wir im Moment außen vor. Auch hier bitte nicht lange überlegen, sondern einfach schreiben.

„Sich regen bringt Segen!"

Wer sich nicht regt, bei dem wird sich auch nichts regen, außer das Alte. Da du jedoch weiterkommen möchtest, bist du nicht gefährdet. Ist das nicht wundervoll, ich liebe es unterwegs zu sein, und mich permanent weiter zu entwickeln. Niemals Stillstand, sondern weiter und weiter.

Ich tue in 24 Stunden?	Wieso?	Seit wann?
1.) ______________________	________________	_________
2.) ______________________	________________	_________
3.) ______________________	________________	_________

Bist du dir nähergekommen? Ich hoffe sehr, denn das ist wichtig, dadurch schaffst du neue Ergebnisse für dein Leben. Nur so lebst du in der Nachhaltigkeit. Das ist erforderlich für unser Dasein. Die Zeit so effizient wie möglich zu unseren Gunsten zu nutzen. Da gehört auch die Zeit der Muße und des Relaxens dazu. Das beachten viele Menschen nicht und sind erschrocken, wenn die Ergebnisse entsprechend fatal ausfallen. Wir haben nun mal nur einen Körper und auf diesen müssen wir sorgsam achten. Der Körper braucht seine Ruhephasen, der Entspannung und Besinnung. Er muss regelmäßig massiert werden. Das ist leider ein Punkt, den viele Menschen nicht richtig begreifen. Es nützt nichts zur Massage zu gehen, wenn es nicht mehr geht. Da lässt man sich auf die Schnelle sechs Massagen verschreiben und alles geht normal weiter im Takt, ohne eine Änderung einzuleiten. Das ist ein riesiger Blödsinn, dem wir uns da hingeben.

Lass dich bitte jede Woche massieren. Mindestens einmal, idealer zwei bis drei Mal. Dein Körper wird es dir danken, mit Fitness und Wohlbefinden. Den berühmten Tempel gilt es in Funktion zu halten. Vergleiche es mit deinem Lebenszug, der regelmäßig gewartet wird. Es wird geputzt, poliert, geschmiert und was sonst noch fällig ist. Dadurch wirst du lange Freude an deinem Zug haben, er bleibt lange funktionsfähig. Wenn nicht, wirst du eines Tages mehr in der Reparaturwerkstatt sein, als dir lieb ist. Das sehen wir ja an den überfüllten Arztpraxen, Wahnsinn wie viele Menschen da verkehren.

Jetzt reduziere es auf das Wesentliche. Auf das, was du am meisten tust und bewegst. Was dich erfüllt und zugleich beseelt. Denn du kennst doch die wundervolle Aussage, dass alles immer eine Seele hat. Es ist wichtig, dass wir darauf achten, dass es unserer Seele gut geht. Wenn das der Fall ist, ist sie zu Höchstleistung fähig. Da kann der Geist super sprudeln und das muss er definitiv tun. Nur ein sprudelnder Geist ist zu Höchstleistung imstande.

Ich tue in 24 Stunden?	**Wieso?**	**Seit wann?**
1.) ______________________	________________	_________

Wie glücklich du sein kannst, du hast es erneut geschafft. Vielleicht findest du es blöd, dass ich es permanent erwähne, von wegen, das ist doch selbstverständlich. Nein ist es definitiv nicht, wer das glaubt, der irrt. Nichts ist selbstverständlich in unserem Leben, wenn wir das verstanden haben, fangen wir an, für alles dankbar und glücklich zu sein. Das ist erforderlich, damit wir weiterkommen. Wer dankbar durch die Welt schreitet, hat diese für sich gepachtet und genau das solltest du auch tun. Ich bin für alles dankbar und dadurch erfahre ich unendlich viel Glück in meinem Leben. Ich liebe das Glück in meinem Leben, es inspiriert mich zu noch mehr Leistung und damit wiederum zu immensem Wohlbefinden.

Dein Fazit: ______________________________________

Die Big Blocks immer zuerst

Möchtest du tatsächlich Erfolg in deinem Leben haben? Oder bist du zufrieden mit dem, was es gibt, was abfällt. Ich hoffe nicht, und dass du es auch nie sein wirst. Denn in uns liegt weitaus mehr Leistung, wir müssen nur bereit sein, das Leistungspotential abzurufen. Das ist wie, wenn wir einen Ferrari fahren und ihn nur benutzen, um einmal um die Ecke zu fahren zum Brötchen oder Wurst holen. Was passiert innerhalb von kürzester Zeit mit dem Auto? Ist doch logisch, wirst du sagen, der Wagen geht langsam kaputt. Genau und das haben wir bei den meisten Menschen. Sie sind kaputt, wie bescheuert ist dies, so zu leben gibt keinen Sinn. Verabschiede dich davon und lebe endlich das Leben eines großen Meisters.

Wer Großes bewegen will, muss zuerst die Big Blocks erledigen

Vergleichen wir es mit dem Zug. Er ist gebaut, um große Strecken zurückzulegen. Wenn wir aber hingehen und uns nur um den Kleinkram kümmern, kommen wir nicht sehr weit. Wir werden permanent ausgebremst, dies ist nicht lustig und erbauend. Ich liebe es, mich jeden Tag zuerst mit den Big Blocks zu beschäftigen. Das ist ein wundervoller Traum, der sich uns da offenbart. Lebe diesen Traum und sei glücklich und dankbar darüber.

Big Blocks sind das, was uns besonders wichtig ist

Bei mir sind es eindeutig meine Bücher. Im Leben solltest du immer einen Big Block haben. Wir können unmöglich überall zur gleichen Zeit angreifen. Das hat uns die Geschichte bereits mehr als einmal gezeigt, was passiert, wenn das getan wird? Schauen wir uns den zweiten Weltkrieg an. Als Hitler in Russland war, danach in Afrika, war das zu viel des Guten. Die Schlacht konnte nicht gewonnen werden. Ein anderes Beispiel war Mercedes Benz, als die Firma nur Autos baute, ging es ihr richtig gut. Der Konzern machte Milliarden an Gewinn. Als Schrempp auf die Idee kam, einen weltumspannenden Konzern aufzubauen, in alle Richtungen der Technologie, wurde es zur Katastrophe und er hat fast die Firma in den Abgrund gerissen.

Ein wenig Luftfahrt, bei Dornier eingestiegen, ein wenig Elektrokonzern und noch bei Chrysler eingestiegen. Das hat die Kräfte auseinandergerissen, dass man alles rausgeschmissen hat. Firmen wie Dornier wurden platt gemacht. Das ist unendlich traurig, aber so ist die Geschichte. Seitdem sich Daimler wieder auf das Kerngeschäft konzentriert, Autos bauen, läuft es wie geschmiert und riesige Gewinne werden eingefahren.

Was lernen wir daraus

Uns klar, um unsere eigene Kernkompetenz zu bewegen. Es geht nur um uns, verglichen mit deinem Zug. Die einzige Aufgabe ist, dass der Zug rollt und rollt. Es weiter geht und er niemals stehen bleibt. Was sind deine Kernkompetenzen, die gilt es herauszufinden. Ich finde es super, das zu tun, wofür ich geboren wurde. Wie hört sich das für dich an? Das nennt man die berühmte Berufung. Hast du bereits deine Berufung gefunden? Ich wünsche dir es von Herzen, dass du hundertprozentig in deiner Berufung lebst. Denn darin bist du stark, unendlich stark und dort kannst du dich hundertprozentig ausleben. Wenn jeder seine Berufung leben würde, gäbe es nur noch glückliche und zufriedene Menschen auf dieser Erde.

Wer nicht seine Big Blocks lebt, ist und bleibt unglücklich

Da brauchen wir uns nichts vorzumachen. Weißt du, woran man diese Menschen sofort erkennt, sie sind immer am Jammern. Ihnen macht die Arbeit überhaupt keinen Spaß, alles ist eine große Qual. Sie sind stets am Lamentieren, Worte wie „Scheiß Arbeit, alles nur wegen der blöden Kohle" und vieles mehr. Das ist fatal, sollte man niemals tun, denn damit versündigt man sich selbst.

Wir haben eine klare Aufgabe erhalten, sind nicht rein zufällig auf dieser Erde. Das glauben zwar etliche Menschen, ich und andere glauben jedoch nicht daran. Wir haben eine riesen große Aufgabe, und diese müssen wir finden. Wer sie gefunden hat, der lebt in seiner Mitte.

„Um zum Erfolg zu gelangen, darf Arbeit niemals Arbeit sein, sondern reine Lebensfreude!"

Ernst Crameri

Merkst du den Unterschied, lass dir diesen Satz nochmals durch den Kopf gehen. Ich liebe es in der Berufung zu leben und viel zu bewegen. Ich hoffe und wünsche es mir, dass du das auch von dir behaupten kannst. Wenn nein, mache dich bitte auf die Suche und falls du es allein nicht schaffst, hole dir kompetente Hilfe. Warte nie mehr, auf dass es sich von selbst ergeben wird. Da kannst du ewig warten und diese Zeit haben wir leider nicht mehr.

Lebe dich oder du wirst gelebt

Präge dir diesen Satz tief in dein Inneres ein. Du kannst dich nur selbst leben, oder du wirst gelebt. Bevor ich mich leben lasse, Dinge tue, die mir keine Freude bereiten und ich frustriert bin, nehme ich lieber mein Leben fest in meine Hände und mache daraus eine riesige Meisterleistung. Denn darin finde ich meine vollkommene Erfüllung, meinen Seelenfrieden und bin der glücklichste Mensch auf der Welt.

Kannst du das von dir behaupten? Mal ehrlich, bekommst du das hin? Wenn ja, herzlichen Glückwunsch, Hut ab vor dir. Dann gehörst du zu den 2 - 3% die es voll im Griff haben. Wenn nein, dann wird es höchste Zeit und lebe nicht in der Hoffnung. Lebe in diesem Leben, in diesem Moment, im Hier und Jetzt.

Was sind die Big Blocks, die dich glücklich machen

Bei mir ist es eindeutig das Schreiben. Das Schreiben von Büchern, erfüllt mich total. Es macht mich glücklich zu sehen, wie das Buch wächst und wächst, Seite um Seite gefüllt wird. Gibt es etwas Schöneres, als sich selbst zu leben? Nein, nein und nochmals nein. Ich habe lange gebraucht, bis ich es herausgefunden hatte, das waren sogar Jahrzehnte. Wie sieht es heute bei mir aus, ich schreibe jeden Tag mindestens zwanzig Seiten Buch. Ja, zwanzig Seiten, damit es zügig vorwärts geht und ich viele Bücher schreiben kann. Das ist meine Berufung, mein Ziel und meine Lebensaufgabe.

Daraus entstehen dann Vorträge, Webinare und Seminare. Weil die Menschen mehr darüber wissen möchten. Auch das liebe ich über alles, zu Menschen sprechen zu dürfen. Ihnen zu helfen besser in ihrem Leben zurechtzukommen. Das tut mir so gut, und weil ich es unendlich liebe, lieben es auch die anderen Menschen. Denn es kommt von meinem Herzen und erreicht auch die Herzen der anderen Menschen. Wenn ich aber etwas mit Widerwillen mache, wie die meisten Menschen einen Beruf ausüben, der ihnen keinen Spaß macht, tut das allen Beteiligten nicht gut, denn das merkt man.

Du kennst doch das Phänomen, wo du als Kunde das Gefühl hast, eher zu stören, als Gutes zu bewirken. Wie verrückt ist das, sich über viele Jahre und Jahrzehnte zu quälen, um als einzige Lösung die Rente vor sich zu sehen. Erst dann soll für viele das Leben anfangen. Es gibt aber bereits ein Leben vor der Rente. Weißt du, was dann für die meisten Menschen anfängt? Armut, die berühmte Altersarmut und jede Menge Krankheiten. Wie unschön ist das, da wollen wir doch lieber im Hier und Jetzt hundertprozentig leben. Denn das Leben ist Vielfalt und Fülle, wenn man es zulässt.

Die Geschichte geht noch weiter, aus den Seminaren, Vorträgen und Webinaren entstehen sehr häufig Coachings. Das heißt, ich betreue die Menschen über einen längeren Zeitraum. Besuche die Firmen und trage dazu bei, dass da kontinuierlich umstrukturiert wird und die Abläufe für alle Beteiligten mit viel Erfolg ablaufen. Das ist wundervoll, was ich da erleben darf. Alles darauf basierend, weil ich Dinge tue, die mir Spaß bereiten und ausschließlich nur diese. Das kannst du auch, du hast etwas, was dir riesen Spaß macht und dich dermaßen inspiriert, dass es sich für dich lohnt, so zu leben. Das verändert dein gesamtes Leben zum Positiven.

Schreibe jetzt auf, was deine Big Blocks sind

Freuen wir uns darüber, dass wir einmal mehr in unsere Welt eintauchen, unsere Big Blocks herauskristallisieren und leben. Immer wieder nachzuschauen, ob es sich geändert hat und wenn ja, sofort in die Veränderung zu gehen, nicht warten. Das tut so gut und macht uns stark.

Leben wir danach in voller Freude und Harmonie. Schreibe nun all deine Big Blocks auf, oder was du denkst, es könnte dein Big Block sein. Selbst wenn du jetzt womöglich ein wenig unsicher bist, das spielt überhaupt keine Rolle. Schreiben, schreiben und nochmals schreiben, dann können wir zügig selektionieren und blicken danach weitaus klarer.

Wir gewöhnen es uns an, aus dem Vollen zu schöpfen. Das ist der wichtigste Akt in unserem Leben. Wenn wir das tun, können wir in die Reduktion gehen und das für uns wichtige herauskristallisieren. Das ist ein wichtiger Faktor. Schreibe alles auf und wieso es so ist. Oder warum du glaubst, dass es so ist und seit wann du es in dir spürst. Dazu kannst du noch nehmen, ob du es sofort umsetzt. Viel Spaß beim Schreiben und natürlich eine wundervolle, Selbstfindung.

Meine Big Blocks?	**Wieso?**	**Seit wann?**
1.) ______________________	_________________	_________

2.) ______________________ ________________ _________

3.) ______________________ ________________ _________

4.) ______________________ ________________ _________

5.) ______________________ ________________ _________

6.) ______________________ ________________ _________

7.) ______________________ ________________ _________

8.) ______________________ ________________ _________

9.) ______________________ ________________ _________

10. ______________________ ________________ _________

Wie ist es für dich, hast du Freude in dir verspürt oder eher etwas Trauer, weil es schon so lange geht, wo du dieses Gefühl in dir hast und noch nichts dafür tust? Das kann sehr gut sein und dies ist traurig. Es hat aber keinen Sinn, daran festzuhalten. Lass es bitte los und fange an, voll und ganz zu leben. Das ist weitaus besser und klüger. Nur wenn du es erkannt hast, kann es weiter gehen. Du hast alles in dir, was es braucht. Jetzt reduziere es bitte auf deine stärksten Momente.

Meine Big Blocks?	**Wieso?**	**Seit wann?**
1.) ______________________	________________	_________
2.) ______________________	________________	_________
3.) ______________________	________________	_________

Wie fühlst du dich dabei? Wenn ich solche Aufgaben mache, habe ich in der Regel immer zwei Arten von Gefühlen. Auf der einen Seite ein glückliches Gefühl, dass ich es getan habe und mich wieder darin erkennen und finden darf. Auf der anderen Seite, ein sehr ungutes und schlechtes Gefühl, weil ich nicht schon längstens angefangen habe.

So sind wir Menschen, immer in einem Wechselbad der Gefühle, das ist aber völlig normal. Das können wir uns nicht schön denken, oder dem lieben Herrgott die Arbeit überlassen, dass was viele Menschen gerne tun würden. Dies funktioniert nach diesem Schema nicht, und darum lassen wir es lieber gleich, als uns einer Fata Morgana hinzugeben.

Fülle und Harmonie für uns, ist die Devise. Lassen wir uns gänzlich davon berieseln, es hilft uns schnell weiterzukommen. Wenn du im Wechselbad der Gefühle stehst, lass dich auf das glückliche und dankbare Gefühl ein. Das tut dir gut und gibt dir Kraft richtig weiter zu machen und endlich Großes zu bewegen. Wenn du es nicht tust, wer soll es dann für dich übernehmen? Das ist eine gute Frage, findest du nicht auch? Es bleibt immer an uns hängen. Jetzt reduziere es auf deinen stärksten Big Block. Wo gehst du völlig darin auf?

Mein stärkster Big Block?	**Wieso?**	**Seit wann?**
1.) ______________________	________________	__________

Glückwunsch zu deinem weiteren großen Sieg. Speichere folgende Metapher ab und sage dir diese permanent.

**„Ich bin ein Gewinner, ich gewinne immer,
komme was da wolle!“**

Ernst Crameri

Ich finde diese motivierende Aussage supergut, sie tut mir gut, beflügelt mich und gibt mir viel Kraft für alles, was ich noch erreichen möchte. Wenn ich manchmal zwischendurch etwas verzweifelt bin, holt es mich sofort wieder zurück, auf den Boden der reinen und puren Lebensfreude. Das wird es auch bei dir tun, wenn du es endlich anwendest. Ich wünsche dir von Herzen viel Erfolg dabei.

Dein Fazit: ____

Lass dir helfen

Wenn du nicht weiterkommst, lass dir helfen. Das ist der erste, wichtige Schritt. Nicht nur warten und hoffen, dass es wird, ich wiederhole mich schon wieder, von allein wird nichts werden. Das kannst du drehen und wenden, wie du willst. Aus der Passivität heraus hat sich noch nie etwas ergeben und wird es nie tun. Je schneller du das verstehst und aufnimmst, desto zügiger geht es voran.

Ich habe früher alles allein gemacht

Das war damals mein Weg, es war fester Bestandteil meines Lebens. Ich kannte es nicht anders und wie heißt es treffend, was man nicht kennt, nimmt man nicht an. Im Laufe von vielen Jahren habe ich es langsam, aber sicher begriffen, dass ich unmöglich alles allein bewältigen kann. Woher soll ich bitteschön das Wissen haben, um Dinge tun zu können, die ich vorher noch nie getan habe? Es gibt aber Leute, die schon da sind, wo ich noch hinmöchte. Also mache ich es doch einfach, ich hole mir die Hilfe, genau von den Menschen, die sich auskennen.

Es ist mit professioneller Hilfe viel leichter

Ich wollte das damals nicht glauben, als ich von den Beratern hörte, die einem helfen können. Ich fand das war nur um Geld zu verdienen. Dies war blöd von mir, ich hätte mir Zeit und letztlich Geld sparen können. Zudem viel Frust und Elend, wenn ich mir früher kompetente Hilfe geholt hätte. Nun denn, ich habe es nicht getan und dafür Lehrgeld bezahlt. So simpel ist das und wir bezahlen immer die Zeche. Es ist nur die Frage welche und wohin diese uns führt. Ich hätte es eigentlich wissen müssen, denn als Privatskilehrer war ich letztlich für die Gäste auch nichts anderes als ein Berater. Sie kamen nach St. Moritz und wollten Skifahren lernen. Ich war derjenige, der wusste, wie es geht und wie man es den Leuten beibringt. Die Gäste, die zu mir als Privatskilehrer kamen, waren spätestens am zweiten Tag bereits oben in der Höhe am Skifahren. Diejenigen, die von ihrem Partner oder Freunden unterrichtet wurden, nicht wussten, wie es geht, waren nach einer Woche immer noch am sogenannten Idiotenhügel. Die Gruppenunterricht nahmen, waren vielleicht Ende Woche soweit, dass sie ein wenig in die Höhe konnten.

Was ist das Fazit daraus, sich sofort kompetente Hilfe zu holen. Denn damit geht es schnell und du hast sofort mehr Spaß an deinem Leben. Auch wenn es ein wenig mehr Geld kostet. Das ist so und anstatt jetzt hinzugehen und zu sagen „Ich kann es mir nicht leisten" solltest du dir immer folgende Frage stellen

„Was kann ich tun, damit ich es mir leisten kann!"

Spürst du den Unterschied? Bestimmt und dies ist wie Tag und Nacht. Merkst du was, es ist eine völlig andere und neue Dimension. Denn zwischen kann ich mir nicht leisten, was letztlich eine klare Bankrotterklärung ist und dem, ich suche mir einen Weg, der bereits vorhanden ist, ich kenne ihn nur noch nicht. Das sind einfach Welten und die Energie ist eine völlig andere.

Du hast wie immer die Wahl

Du kannst es tun, kannst es auch lassen. Es kostet beides gleich viel Kraft und Energie. Mit dem Unterschied, das eine führt dich weiter und die Ergebnisse sind großartig. Das andere führt dich genau wieder dahin, wo du schon bist. Also drehst du dich im Kreis, das ist alles. So habe ich mich entschieden immer zu fragen

„Wer ist der beste Spezialist, wer kann mir helfen dahin zu kommen, wo ich hinkommen möchte. Wer ist schon dort?"

Ernst Crameri

Das ist die richtige Frage und dann läuft es. Wenn ich mich das nicht frage, und weiterhin so lebe wie gehabt, habe ich auch nur die gleichen Ergebnisse. Erschwerend kommt hinzu, dass unsere Lebenszeit nicht unendlich ist. Das heißt, eines Tages ist es vorbei und wenn ich es bis dahin geschafft haben will, ich viel Spaß haben möchte, muss ich endlich anfangen.

Du holst dir doch sonst auch immer Hilfe

Eigentlich kennst du das Prinzip bereits, es ist nichts Neues für dich. Es ist ein fester Bestandteil deines Lebens und du lebst das seit vielen Jahren oder sogar Jahrzehnten, in dieser Form. Schauen wir uns kurz einige der Aspekte an, wie du damit umgehst, wenn du ein Problem hast.

Zahnschmerzen	Zahnarzt
Steuerprobleme	Steuerberater
Rechtsstreit	Anwalt
Autopanne	Autohaus
Heizung defekt	Heizungsbauer
Beinbruch	Chirurg
Augenprobleme	Augenarzt

Die Beispiele könnten wir jetzt beliebig fortführen. Du kennst dich in allem sehr gut aus, es ist für dich eine absolute Selbstverständlichkeit so zu leben und zu handeln. Da überlegst du keine einzige Sekunde, ob das gut ist oder nicht. Was sein muss, muss sein und da tust du es einfach.

Bei Erfolgsproblemen gehst du zum Erfolgscoach

Das ist so simpel und elementar wie all die anderen Hilfen, die du in Anspruch nimmst. Du musst es aber tun, wirst dich schnell daran gewöhnen und dann ist es so, als hättest du noch nie etwas anderes getan. Es wird ein fester Bestandteil deines Lebens werden. Wie wundervoll und schön und ich darf dir eines versichern, es wird dich tragen, dich wundervoll nach vorne bringen. Du hast unendlichen Spaß und wahre Lebensfreude.

Ich kann es mir nicht leisten

Das hatten wir schon und die richtige Aussage lautet ganz klar und voller Inbrunst „Ich leiste es mir!“ Auch wenn es dann oftmals so aussieht, als wärst du noch weit davon entfernt. Du setzt dich in Bewegung und gehst schnell des Weges. Du setzt ein Bein vor das andere und im Laufe der Zeit hast du dich so daran gewöhnt, als ob es für dich noch nie etwas anderes gegeben hätte. Habe den Mut, denn dieser wird reichlich belohnt.

Kostenlose Probelektion

Bei uns wird das folgendermaßen gehandhabt, denn bevor du die Katze im Sack kaufst, solltest du wissen, wie es läuft, und welche Parameter für dich wichtig sind. Mit sehr viel Sachverstand und dann haut es auch hin. Wenn du daran interessiert bist, von uns gecoacht zu werden, schicke eine E-Mail an crameri@crameri.de mit deinem Anliegen. Wir melden uns dann bei dir und klären die weitere Vorgehensweise ab. Ich kann dir eines sagen, es wird deine Welt und die Sicht der Dinge massiv verändern.

Dein Fazit: ____

Zeit Abschied zu nehmen

Liebe Leser,

es ist für mich immer wieder ein gigantischer Moment, der mich mit viel Rührung und Dankbarkeit tief erfüllt, wenn ich wieder ein Buch an dich, als Leser überreichen darf. Wer meine Geschichte kennt, der weiß, dass es nicht selbstverständlich ist, dass ich Bücher schreibe.

Ich freue mich so, dass du dieses Buch durchgearbeitet hast. Das ist ein wichtiger Aspekt und Faktor. Es hilft dir in deinem Leben viel weiter zu kommen. Lasse bitte ab sofort deinen Lebenszug wirklich rollen. Stehe dir nie mehr im Weg. Das wäre mehr als schade und fatal, wenn du dies tust.

Du hast alles vor dir, hast ein gigantisches Leben. Es liegt nur an dir, was du daraus machst. Ich bin glücklich und dankbar, dass ich dies erkannt habe. Denn es erleichtert mir ungemein mein Leben, und erfüllt mich mit Stolz und großer Dankbarkeit. Ich wünsche mir sehr, du hast diesen Spirit mit in dein Leben nehmen können, und machst daraus jetzt ein wundervolles Meisterwerk.

So groß, riesig und gigantisch, dass du sehr stolz auf dich bist. Es ist ein Traum, ist das Größte und Gigantischste, wenn man auf das Geschaffene zurückblicken kann. Du weißt, wie es geht, und sollte es das ein oder andere Mal etwas klemmen, hole dir bitte sofort kompetente Hilfe. Scheue dich nicht, uns zu kontaktieren. Oftmals ist man nur wenige Schritte vom großen Erfolg entfernt, erkennt dies aber nicht, das ist schade.

Packe es an, im Hier und Jetzt und dein Leben wird der absolute Traum. Es wird so wundervoll und schön, wie du es noch nie erlebt hast. Wichtig ist aber, dass du deinem Lebenszug die Chance gibst, voranzukommen und ihn niemals mehr ausbremst.

So bleibt mir jetzt nur noch eines übrig, dir von ganzem Herzen, alles alles Liebe und Gute auf deinem Lebensweg zu wünschen. Passe gut auf dich auf und erfreue dich eines wundervollen und gigantischen Lebens.

Herzlichst

Dein Ernst Crameri

Meine und unsere Dienstleistungen

Da ich der Meinung bin, dass das Leben spannend und aufregend ist, habe ich mich nie mit einer einzigen Sache begnügt. Ich wollte immer wesentlich mehr tun und haben. Ein Mensch hat unendliche Fähigkeiten, darum gilt die Theorie von „Schuster bleib bei Deinen Leisten" schon lange nicht mehr. Vergessen Sie das, und man den erlernten Beruf beibehalten sollte, ist auch ein Ammenmärchen. Das Leben ist vielseitig und spannend, wenn wir etwas daraus machen. Deshalb freue ich mich sehr, Ihnen die verschiedensten Dienstleistungen vorzustellen. Gemeinsam mit meinem Team ist es unser Anliegen, Sie in Ihrer Weiterentwicklung zu unterstützen, Sie zu verwöhnen und dazu beizutragen, dass Sie ein wundervolles Leben auf Erden führen können.

Hier die Dienstleistungen nach alphabetischer Reihenfolge
Wählen Sie aus dem großen Leistungsspektrum und fragen Sie nach den Konditionen. Gerne sind wir für Sie da und beantworten Ihnen alle Fragen, denn glückliche und begeisterte Kunden sind unser Ziel.

- Bücher
- Einzelbehandlungen (Fitness/Wellness/Schönheit)
- Erfolgsproduzent und -coachings
- Events
- Hoteltesting
- Podcast und Hörbücher
- Mystery X Tests
- Naturkosmetik-Produkte
- Privat-Jet
- Reisen

- Seminare
- Vorträge

Bücher schreiben

Sie erhalten von uns Bücher, zu den verschiedensten Themen, rund um das Leben. Ebenso bieten wir Ihnen das Ghostwriting an. Das heißt, wir schreiben mit Ihnen und für Sie Ihr Buch. Ganz wichtig für Unternehmer, denn ein eigenes Buch schafft eine wunderbare Reputation. Wenn Sie ein neues Produkt auf den Markt bringen, ist es ideal, wenn Sie das passende Buch dazu anbieten. Als Fachmann zeigen Sie durch ein eigenes Buch eine hohe soziale Kompetenz.

Unsere Kunden, die sich von der Masse der Mitbewerber abheben wollen und damit einen anderen Nimbus erhalten. **Ärzte,** die ihre spezielle Behandlung publizieren. **Hotels,** die über ihr Haus mit besonderen Eigenheiten berichten. **IT-Firmen,** die etwas Neues entwickelt haben, weitere Firmen, quer durch alle Branchen und natürlich Privatpersonen.

Wieso Ernst Crameri: Weil er zurzeit bereits 67 Bücher geschrieben hat und weitere folgen. Weil er weiß, wie es in der Branche abgeht, welche besonderen Kenntnisse erforderlich sind, ein Buch zu schreiben und zum Erfolg zu bringen.

Einzelbehandlungen (Fitness/Wellness/Schönheit)

Wir leben nur einmal und unseren Körper nennt man auch den Tempel, in dem die Seele und der Geist wohnt. Damit der Organismus lange auf einem hohen Level funktioniert, ist es dringlich, dass wir ihn pflegen, für ihn da sind. Bei uns erhalten Sie Behandlungen von Kopf bis Fuß. Von intensiver Massage, über fernöstliche Behandlungen und den verschiedensten Spezialanwendungen. Näheres auf der Webseite www.wellness-einzelbehandlungen.de.

Unsere Kunden sind Menschen, die mehr für sich tun wollen. Den Zeitgeist klar erkannt haben, wie wichtig es ist, dass man sich behandeln und pflegen lässt. Vom jungen Menschen, bis hin ins höchste Alter hinein. Männer wie Frauen, die sich verwöhnen lassen.

Wieso Ernst Crameri: Weil er aufgrund der 40-jährigen Erfahrung einen riesigen Fundus an Wissen und Können mitbringt. Durch die Hotelberatungen und -tests weiß er auch, wie es läuft. Ein qualifiziertes Team an Behandlern wartet auf Sie.

Erfolgsproduzent – und coachings

Als Erfolgreicher ist eines wichtig, das Erfolgswissen weiter zu vermitteln und anderen Menschen zu helfen, zum Erfolg zu gelangen. Das ist in jeder Hinsicht eine wundervolle Aufgabe. Es gibt verschiedene Arten von Coachings, einmal vor Ort in den Firmen, dann am Telefon. Es geht mit täglichem und wöchentlichem Coaching los. Wenn eine Veränderung stattfinden soll, ist es dringlich, dass man dranbleibt. Denn die alten Gewohnheiten lassen sich nicht über Nacht über Bord werfen. Es ist stets ein längerer Prozess, ein Reifeprozess, der da stattfindet.

Wer sind die Kunden, von kleinen Kindern bis hin ins höchste Alter. Es sind Menschen, welche die stärkende und beschleunigende Funktion des Coachings für ihre Entwicklung nutzen möchten oder Menschen, die Grundlegendes in ihrem Leben verändern möchten. Für die es so, wie bisher nicht mehr weiter gehen kann. Wichtig dabei ist der klare, eiserne Wille zur Veränderung. Von Einzelpersonen aus allen Schichten und Berufszweigen, bis hin zu großen Firmen.

Wieso Ernst Crameri: Weil er weiß, wie man aus Menschen Spitzenleistungen rausholt, diese mit einem Lachen und dennoch der nötigen Ernsthaftigkeit zum Erfolg führt. Erfolg ist kein Zufall, sondern planbar.

Events

Wir organisieren große Events, für die verschiedensten Veranstalter. Dabei übernehmen wir die komplette Dienstleistung der Lokationssuche, bis hin zum Catering und kompletten Handling, damit die Veranstaltung reibungslos abläuft. Unsere Erfahrung beruht auf der Organisation von vielen eigenen, wie auch Kunden-Events in der gesamten Welt. Viele Firmen vertrauen uns und lassen für ihre besten Mitarbeiter Incentives ausrichten.

Wer sind unsere Kunden, Firmen und Seminarveranstalter, die das Handling einem Profi überlassen. Genauso wie Einzelpersonen, die ein außergewöhnliches Fest, wie zum Beispiel Hochzeit, Geburtstag oder sonstige Festivitäten ausrichten.

Wieso Ernst Crameri: Events zu organisieren erfordert einen riesigen logistischen Aufwand, es sind viele Parameter, die zusammen spielen, damit es reibungslos über die Bühne geht. Ein qualifiziertes Team steht Ihnen mit Ernst Crameri während der Veranstaltung vor Ort zur Verfügung und managt den gesamten Ablauf.

Hotel- und Schiffstesting

Es gibt viele Hotels und auch Schiffe, die leider manchmal noch nicht ihre Performance erreicht haben. Sehr oft stimmt die Hardware komplett, jedoch die Software passt nicht. Beim Team angefangen von der Direktion bis hin in die einzelnen Abteilungen, da klemmt es oft.

Wer sind unsere Kunden, von kleinen Hotels und Schiffen, bis hin zu großen Hotelketten und Reedereien. Alle Dienstleister, die bereit sind, eine höhere Wertschätzung den Kunden, den Gästen gegenüber aufzubringen und das Gastdasein auch entsprechend zelebrieren.

Wieso Ernst Crameri: Weil er 80% seiner Zeit on the way ist und dies fast immer in Hotels. Das hat ihn dazu bewogen, das Buch „Servicewüste Hotels“ vollgepackt mit Tipps und Know-how.

Podcast und Hörbücher

Podcast und Hörbücher als wunderbares Instrument, für die Fort- und Weiterbildung. Ideal beim Autofahren, als sogenannte rollende Universität, um neues Wissen zu erlangen. Ebenso beim Sport und auch im Alltag einsetzbar.

Wer sind die Kunden, von der Einzelperson bis hin zu Firmen, die für ihre Mitarbeiter die Hörbücher bestellen und verschenken. Oder sogar als Pflichtprogramm für das eigene Team einsetzen. Nur wer permanent trainiert, hat Erfolg. Podcast als kostenloses Tool für die Weiterbildung.
Hörbüch-Shop: www.cramerishop.com.
Podcast: www.ergebnisorientiert.com.

Wieso Ernst Crameri: Weil er mit seiner Sprache voller Begeisterung, die Leute motivieren kann. Die Sprache und Ausdrucksweise muss fesselnd sein und die Zuhörer begeistern. Es muss im Gegenüber etwas ausgelöst werden. Ein sich Wiederfinden, um in die Umsetzung zu gelangen. Umso hilfreicher, wenn es in einer Sprache geschieht, die den Menschen eigen ist, keine hochakademischen Worthülsen, sondern Kommunikation auf Augenhöhe.

Mystery X Tests

Als Kunde in Geschäfte gehen und einkaufen, den Service, die komplette Dienstleistung zu überprüfen, um nachher die positiven wie negativen Seiten mit der Geschäftsleitung und dem Team zu analysieren. Danach in die Veränderung zu gehen, durch Training vor Ort.

Wer sind die Kunden, jeder der ein Geschäft hat und auf Servicequalität und Kundenzufriedenheit großen Wert legt. Denn die heutige Konkurrenzsituation ist riesig, wenn ein Kunde nicht zufrieden ist, geht er sofort. Dies gilt es zu vermeiden, und für die Kunden stets die allerbeste Leistung zu bieten.

Wieso Ernst Crameri: Weil er die Zusammenhänge schnell erkennt und die Firmen wieder in den positiven Mehrwertbereich für die Kunden führt. Jede Firma hat sogenannte Leichen im Keller, aber auch Goldadern. Erstere gilt es zu eliminieren und die Goldadern zu bergen, um Erfolg auf der ganzen Linie zu haben.

Naturkosmetik-Produkte

Herstellung und Vertrieb der eigenen Crameri-Naturkosmetik-Produktelinie, seit fast 30 Jahren. Kein riesiges Sortiment, sondern ein straffes und hochkarätiges, für jeden Hauttyp. Spannend auch als White-Labeling, die Produkte erhalten das Etikett des Kunden und sind somit seine eigene Produktlinie.

Wer sind die Kunden, der Endverbraucher, welcher jeden Monat die Produkte für den persönlichen Bedarf bezieht. Schönheitsfarmen, Kosmetikstudios, Friseure, Masseure, Physiotherapeuten, Farb- und Stilberaterinnen, Fußpfleger, Fachgeschäfte und Hotels beziehen die Produkte. Bei White-Labeling handelt es sich um Kunden.

Wieso Ernst Crameri: Weil die Crameri-Naturkosmetik GmbH seit 40 Jahren erfolgreich auf dem Markt ist, und Sie in ihr einen zuverlässigen Partner an Ihrer Seite haben. Von der Produktion bis hin zur Vermarktung.

Privat-Jet

Ein absoluter Traum, in den Privat-Jet einzusteigen und dies ohne lange Kontrollen und Warten. Die Maschine steht bereit, die Triebwerke angemacht, Sie fahren an und wenige Minuten später befindet sich der Jet bereits in der Luft. Schneller und bequemer geht es nicht.
Wer sind die Kunden, Einzelpersonen, die schnell von A nach B müssen. Skiflüge nach St Moritz, zum Autorennen nach Monte Car-

lo, nach Sylt und weitere spannende Flüge. Firmen, die ihre besten Kunden oder Mitarbeiter zu einem Incentive einladen. Auch Privatpersonen, die das Besondere lieben.

Wieso Ernst Crameri: Weil die Firma seit über 29 Jahren in diesem Metier vertreten ist. Ernst Crameri ist in der Regel stets persönlich dabei und betreut die Gäste vor Ort.

Reisen

In die gesamte Welt, am meisten Kreuzfahrten auf Flussschiffen und auf den Weltmeeren. Mit wunderbaren Rahmenprogrammen, wie besonderen Ausflügen, Vorträgen und Seminaren. Ebenso exklusive 5* Hotels, auf der ganzen Welt.

Wer sind die Kunden, Einzelpersonen, die gerne auf den Events dabei sind und Firmen, die Incentivereisen für ihr Team und ihre Kunden durchführen. Die besondere Belohnung für außergewöhnliche Menschen.

Wieso Ernst Crameri: Weil er die schönsten und besten Schiffe persönlich kennt. Bei den Reisen meistens selbst dabei ist, sodass der direkte Kontakt gegeben ist. Und wenn er nicht dabei ist, gibt es perfekte Betreuung durch sein qualifiziertes Team.

Seminare

Zum Thema Erfolg und alles, was damit zusammenhängt, ganzheitliche Rhetorik, Erfolgsdenken, Geldseminare, Ausbildungen zum Beauty&Wellness-Spezialisten, Social Media und vieles mehr.

Wer sind die Kunden, Einzelpersonen, die sich fort- und weiterbilden möchten. Firmen, die ihr Team zum Training und zur Ausbildung schicken.
Wieso Ernst Crameri: Durch Tausende von Schulungen und Seminaren, Top im Training und stets auf dem Laufenden. Ferner Mitglied

bei der GSA, German Speakers Assoziation. Mit großer Leidenschaft und Begeisterung auf vielen Veranstaltungen dabei. Seminare von der Wiege bis zur Bahre, ist eine seiner Maximen.

Vorträge

Spannende und fesselnde Vorträge vor kleinem und großem Publikum. Vorträge zu den verschiedensten Themen rund um das Thema Erfolg, Durchhaltevermögen, Zielsetzung, Lebenswerke und zum kompletten Persönlichkeitsthema.

Wer sind die Kunden, Organisationen, die ihn engagieren, Verbände, Vereine und Firmen. All jene, die Idee, Gedanken, Innovationen zulassen und die Veränderung im heutigen Zeitalter bewirken möchten. Die den Weg schaffen wollen, in eine Welt des Erfolges. Ebenso offene Seminare, die von Ernst Crameri direkt durchgeführt werden.

Wieso Ernst Crameri: Durch die brillante Sprache und Ausdrucksweise, ein fesselnder Redner, welcher das Publikum begeistert. Sein Schweizer Akzent und Humor begeistert die Zuhörer im In- und Ausland. Vorträge in Rätoromanisch, Italienisch, Französisch, Hochdeutsch und Schweizer Deutsch. Gewinner des internationalen Speaker Slam Awards.

Bei Fragen wenden Sie sich bitte direkt an

Crameri-Naturkosmetik GmbH
Mannheimerstr. 11b
67098 Bad Dürkheim
Tel. 0049-6322-5734
Fax 0049-6322-66071
E-Mail: Sekretariat info@crameri.de
Geschäftsleitung: gn@crameri.de
Website: www.crameri.de

Ein Auszug aus unseren Werken

Ein Millionär als Traumpartner

ISBN: 978-3-86689-000-8
19,80 € (D)

Fange endlich an zu leben

ISBN: 978-3-86689-001-5
19,80 € (D)

Wahrheit und Klarheit im Kosmetik- und Wellness-Institut

ISBN: 978-3-86689-002-2
19,80 € (D)

Horror - Eingewachsene Zehennägel

ISBN: 978-3-86689-003-9
19,80 € (D)

Gib niemals auf, sei kein Verlierer

ISBN: 978-3-86689-008-4
19,80 € (D)

Bist Du ein Mörder?

ISBN: 978-3-86689-004-6
19,80 € (D)

Bist Du ein Huhn oder ein Adler

ISBN: 978-3-86689-018-3
19,80 € (D)

Der unendliche Schmerz der Verlassenen

ISBN: 978-3-86689-009-1
19,80 € (D)

Servicewüste Hotels

ISBN: 978-3-86689-010-7
29,80 € (D)

Hast Du auch diese schlimme Krankheit – Verschieberitis

ISBN: 978-3-86689-005-3
24,80 € (D)

Wieso hast Du so wenig Durchhaltevermögen

ISBN: 978-3-86689-006-0
19,80 € (D)

Höre endlich auf zu jammern

ISBN: 978-3-86689-022-0
19,80 € (D)

Sage endlich was Du willst, damit Du das bekommst, was Du willst

ISBN: 978-3-86689-014-5
19,80 € (D)

Sprich nie mehr negativ

ISBN: 978-3-86689-013-8
19,80 € (D)

Die 20 Erfolgsverhinderer

ISBN: 978-3-86689-021-3
24,80 € (D)

Alles hat seinen Preis

ISBN: 978-3-86689-0206
19,80 € (D)

Lifelong learning
und Du wirst unschlagbar

ISBN: 978-3-86689-015-2
19,80 € (D)

Beschwerdemanagement
die Chance Fans zu gewinnen

ISBN: 978-3-86689-025-1
19,80 € (D)

Mit dem Erfolgsbuch
zum Erfolg

ISBN: 978-3-86689-017-6
19,80 € (D)

Hast Du Deine große
Lebensvision

ISBN 978-3-86689-019-
19,80 € (D)

Ungeduld ist der Tod jedes Erfolges

ISBN: 978-3-86689-026-8
19,80 € (D)

Jeder hat aus seiner Sicht recht

ISBN: 978-3-86689-028-2
19,80 € (D)

Ich lebe meinen Lebensstil

ISBN: 978-3-86689-027-5
19,80 € (D)

Einen Partner übers Internet

ISBN: 978-3-86689-016-9
19,80 € (D)

An ihren Taten sollst du sie erkennen

ISBN: 978-3-86689-031-2
19,80 € (D)

Unser Lebenszug rollt und rollt

ISBN: 978-3-86689-029-9
19,80 € (D)

Gefangen in der Box

ISBN: 978-3-86689-030-5
19,80 € (D)

Vita von Ernst Crameri

Ernst Crameri erblickte im Oktober 1959 in St. Moritz (Schweiz) das Licht der Welt. Er wuchs in einem einfachen Elternhaus auf. Als kleines Kind machte er meist das Gegenteil von dem, was von ihm erwartet wurde. Im Kindergarten und der Schule ging es oft rund. Als Heranwachsender machte er jeden Streich mit, und durfte dafür an freien Nachmittagen im Sommer Rasen mähen und im Winter zum Schneeschaufeln auf dem Schulhof antreten.

Sein Traum war, ein Leben im Reichtum. Prägend waren vier Schlüsselerlebnisse. Im Winter wollte er neue Skier und einen Skipass. Sein Vater konnte nicht beides kaufen. Da ging er mittags nach der Schule in ein Kohle/Holzlager. Dort schaufelte er Kohle und stapelte Holz. Dadurch konnte er sich mit 12 Jahren einiges leisten. Dieses Gefühl der Freiheit war für ihn gigantisch. Das zweite Erlebnis war in der Schule, wenn es galt einen 2 bis 3-seitigen Aufsatz zu verfassen. Er fand das super, und so wurden es meist Werke mit über 30 Seiten. Diese Aufsätze wurden vorgelesen und prämiert.

Sein Traum war Koch zu werden und so schickte ihn sein Vater nach Lenzerheide, zu einem Cousin, der einen Hotelbetrieb führte, in die Schnupperlehre. Gleich musste er als Koch einspringen und die Schikanen nahmen täglich zu. Als er das Zimmer mit weiteren Mitarbeitern teilen musste und sein erster Lohn aus dem Zimmer gestohlen wurde, ging es den Berg runter.

Sein Vater war begeistert, dass die Verwandtschaft aus Ernst einen lebensgerechten Menschen formt, ganz nach seinem Geschmack. Die Mutter war den Tränen nahe, als ihr Sohn die Lehre aufgab. Ernst griff zur äußersten Maßnahme und legte sich beim Unterricht mit dem Rektor an. Er flog im hohen Bogen von der Schule und damit war automatisch das Thema Kochausbildung beendet. Dies war das dritte Schlüsselerlebnis.

Danach begann er in St. Moritz in einem Sportgeschäft eine Lehre als Kaufmann. Der zweite Tag, kurz vor Feierabend brachte den Durchbruch. Da kam eine südamerikanische Familie ins Geschäft. (12 Personen) Das Oberhaupt sagte einen einprägsamen Satz „We need only the best“ das kannte er bisher nicht. Nach gut einer Stunde war der Einkauf beendet und Ernst durfte an der Kasse eintippen, da stand die Zahl von CHF 128.000,00. Der Chef fragte ihn „Was schaust Du so?“ Er zeigte auf die Kasse und da meinte der Inhaber „Daran wirst Du Dich gewöhnen!“

Das war für ihn eine neue Welt. Kurz darauf kam der Skilehrer, der die Familie gebracht hatte, ins Geschäft und bekam CHF 12.800,00 für die Vermittlung. In dem Moment war für Ernst klar, dass er den Weg gehen wird. Nach der Lehre verließ er das Sportgeschäft. Im Winter war es klar, den Weg als Skilehrer zu gehen. Die Überbrückung war das Thema, also was tun im Sommer und so arbeitete er eine Zeit lang als Hilfsarbeiter bei einer Dachdeckerei.

Es war nicht der Traumjob, er brauchte aber Geld und damit wieder Unabhängigkeit. Der Versuch als Tennislehrer oder Golflehrer tätig zu sein, war von kurzer Dauer. Er heuerte bei einer Baufirma an. Wenige Tage später stellte ihm jemand ein Bein, obwohl niemand in seiner Nähe war und er rutschte den Hang herunter. Notarzt, Intensivstation und Therapie. Er ging ins Heilbad zur Therapie. Dort freundete er sich mit einem der Therapeuten an und fand Gefallen an dieser Arbeit.

Er ließ sich zum Masseur und Therapeuten ausbilden. Sein Traum war, auch Kosmetiker zu sein. Das war zur damaligen Zeit ein Ding der Unmöglichkeit. Die Schulen wollten von einem Mann nichts wissen. Ergo sprach er mit einer Kosmetikerin und machte mit ihr ein Geschäft, sie bekommt regelmäßig Massagen und bildet ihn dafür zum Kosmetiker aus. Ernst war immer sehr schnell lösungsorientiert. Im Winter war er als Skilehrer tätig. Morgens vor Skibeginn, fuhr er mit seiner tragbaren Massageliege von Villa zu Villa, von Hotel zu

Hotel. Danach den Tag über Skiunterricht und abends wieder Massagen und Kosmetikbehandlungen.

Danach als Discjockey, bis frühmorgens. Kurz ins Bett und dann ging es wieder von vorne los. Im Sommer besuchte er seine Gäste im In- und Ausland. Abgeholt von Privatjets, auf Jachten, in Villen. Da verliebte er sich in die Tochter eines Industrieellen. Das fand der Vater nicht so gut. Einen Tag später musste er die Villa verlassen, das war ein herber Schlag in seinem vermeintlichen Erfolgsleben.

Dadurch verstand er, dass man nur reich ist, wenn man das Geld auch selbst in den Händen hält. Als Masseur, Kosmetiker, Skilehrer und Discjockey hatte er ein vierfaches Einkommen. Entsprach aber nie dem Einkommen seiner Gäste, die ihn als Skilehrer zum Beispiel zum Mittagessen einluden. Das kostete gleich mal CHF 600,00, und wenn er als Skilehrer essen ging, waren es gerade CHF 8,00! CHF 800,00 waren sein Monatslohn, das hat ihn sehr beschäftigt.

Für den Sommer hatte er für Australien einen Vertrag als Austauschskilehrer in der Tasche. In der letzten Woche lernte er eine Frau aus Deutschland kennen, die später seine Ehefrau wurde. Er hat es nicht übers Herz gebracht, wegzufliegen und stornierte den Vertrag. Er pendelte einige Jahre zwischen Deutschland und der Schweiz hin und her. Da er nicht als Angestellter arbeiten wollte, startete er mit der Selbstständigkeit als Masseur/Kosmetiker.

Um überhaupt Fuß zu fassen, lief er von Haustüre zu Haustüre und klingelte. Ab und an ließ ihn jemand herein und so baute er sich einen kleinen Kundenstamm auf. Um sich stärker zu etablieren, engagierte er sich als Dozent an der Volkshochschule, beim Hausfrauenbund, bei Vereinen/Verbänden. Dadurch gelangte es ihm schnell, sich einen soliden Kundenstamm aufzubauen.

Später kam ein Haus der Schönheit hinzu, die ersten Schönheitsfarmen, die eigene Naturkosmetik-Produktelinie. Permanente Fort- und

Weiterbildungen im In- und Ausland. Er hat in der Schweiz die Chance erhalten, als Referent und Ausbilder für Gesundheitsberufe tätig zu sein. Das machte ihm viel Spaß vor Menschen zu stehen und sie zu lehren. Immer mehr Coachings kamen dazu, Trainings, Seminare und so baute er verschiedene Geschäftszweige auf. Sein größter Wunsch ist dank viel Fleiß und Durchhaltevermögen in Erfüllung gegangen, für andere Menschen da zu sein und ihnen den Weg des Erfolges zu zeigen. Mit zurzeit über 67 Büchern, circa 200 Seminartagen und unzähligen Coachings ist er für die Menschen da. Sein großes Credo **„Es gibt ein Leben vor dem Tod!"**

FSC
www.fsc.org